양동숙 교수님이 들려 주는 한자 이야기 2

양동숙 선생님이 들려주는 한자 이야기 2

내 몸에 한자가 숨었어요

첫판 1쇄 펴낸날 · 2003년 8월 1일
5쇄 펴낸날 · 2010년 1월 10일

지은이 · 양동숙
그린이 · 심환근
펴낸이 · 김혜경
주니어팀 · 박창희 김솔미 김민영 이진규 김민희
디자인팀 · 서채홍 전윤정 김명선 지은정
마케팅팀 · 모계영 이주화 문창운 강백산
홍보팀 · 윤혜원 오성훈 김혜경 김현철
경영지원팀 · 임옥희 진숙영 김점준 양여진

펴낸곳 · (주)도서출판 푸른숲
출판등록 · 2002년 7월 5일 제 406-2003-032호
주소 · 경기도 파주시 교하읍 문발리 파주출판도시
529-3번지 푸른숲 빌딩, 우편번호 413-756
전화 · 031)955-1400(마케팅부), 031)955-1410(편집부)
팩스 · 031)955-1406(마케팅부), 031)955-1424(편집부)
http://www.prunsoop.co.kr

Text copyright ⓒ 양동숙, 2003

ISBN 978-89-7184-632-2 74700
978-89-7184-630-0 (세트)

* 잘못된 책은 구입하신 서점에서 바꾸어 드립니다.
* 저자와의 협약에 의해 인지는 생략합니다.
* 본서의 반품 기간은 2015년 1월 31일까지입니다.

양동숙 교수님이 들려 주는 한자 이야기 2

내 몸에 한자가 숨었어요

글 양동숙 | 그림 심환근

푸른숲 어린이

머리말

아득한 옛날, 사람들은 말을 하기 시작했어.
하지만 말만으로는 부족했지.
전화도 없던 시절, 말만으로 자기의 뜻을 멀리 있는 사람에게 전할 수는 없었거든.
또 후세의 사람들에게 자기의 생각이나 뜻을 남길 수 있는 방법도 없었어.
그래서 글자를 발명하게 된 거야.
처음에는 그림으로 자기 생각을 표현했지. 그러다가 그림이 다듬어져 차츰 글씨의 모양을 갖추게 된 거야.
한자는 그렇게 만들어졌단다.
그러니 아무리 복잡한 모양의 한자라도 그 글자가 만들어진 사연을 알면 쉽게 이해하고 기억할 수 있는 거야.
이 책을 한 장 한 장 넘겨 보면 쉽고 재미있게 한자를 이해하고 익힐 수 있을 거야.

우리 나라에는 세계에 자랑할 만한 우리 글자, 한글이 있지.
얼마나 행복하고 다행한 일인지 몰라. 한글은 과학적이고 체계적이어서
배우기도 쉽고, 사용하기도 쉽지.
그런데 우리가 사용하는 말 중 많은 말들이 한자어에서 나왔거든.
그러니까 한글을 잘 사용하면서 한자까지 알게 된다면 우리말을 더 풍요롭게
이해하고 사용할 수 있을 거야.

이 책은 편지글 형식으로 썼어. 내게는 꼭 너희만한 조카 손자, 손녀가 있거든.
그들에게 한자 이야기를 들려 주는 마음으로 이 책을 쓴 거야. 그러니까 너희도
옛날이야기를 듣듯이 편안한 마음으로 이 책을 만났으면 좋겠어.
이제 본문의 첫장을 넘겨 볼까.

2003년 7월 양동숙

차례

머리말 4

大가 낳은 자 *첫 번째 편지* 8

人이 낳은 자 *두 번째 편지* 18

子가 낳은 자 *세 번째 편지* 32

女가 낳은 자 *네 번째 편지* 38

目·自가 낳은 자 *다섯 번째 편지* 48

耳가 낳은 자 *여섯 번째 편지* 54

일곱 번째 편지
口가 낳은 자 60

여덟 번째 편지
言이 낳은 자 74

아홉 번째 편지
心이 낳은 자 82

열 번째 편지
手가 낳은 자 92

열한 번째 편지
肉이 낳은 자 104

열두 번째 편지
止가 낳은 자 114

맺음말 119

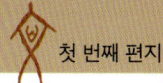 첫 번째 편지

아람아, 〈한자에 세상이 담겼어요〉에서 사람 신체의
각 기관을 그려 만든 글자를 배웠는데 기억나니?
그 글자들은 거의가 한자의 씨앗 글자라고 했지?
이들을 이용해 수많은 글자를 만들어 냈으니까 말이야.
할머니가 들려 줄 첫 편지는 大 자에 얽힌 이야기야.
大 자는 어른의 몸을 그린 것이지만
어른 몸집이 아이보다 크니까 크다는 뜻을 나타냈어.
바로 작다는 뜻을 지닌 小 자의 반대되는 표현이었어.
大 자를 이리저리 변화시켜 만든 다른 글자들을 보면
아람이의 호기심이 더욱 커질 거야.

 大가 낳은 자

전신에 갑옷을 입고, 머리에는 투구를 쓴 건장한 무사의 모양. 내몽고에서 발견되었다.
눈썹이 치켜 올라가고 눈이 불거져 있으며 큰 코가 들쳐져 있다. 두 손을 번쩍 펼치고 무엇인가를 움켜잡은 모양이다.

지아비 부

大(큰 대) 자를 보자. 팔다리를 쭉 펴고 똑바로 서 있는 모양이지? 그런데 남자 아이가 자라서 결혼할 나이가 되니까, 한 여자의 남편이 될 수 있는 남성을 나타내는 글자가 필요했어. 가만히 생각해 보다가 적당한 글자를 만들 수 있었지. 옛날에 결혼할 나이가 되면 머리를 틀어올리는 관습이 있었는데 바로 이것을 이용해서 말이야. 그래서 글자를 새로 만드는 대신 大 자 위에 한 획을 긋고 머리를 틀어올린 어른을 나타내기로 한 거야. 새로 만드는 것보다 훨씬 쉬울 뿐더러 뜻도 통하잖아. 그래서 夫(지아비 부) 자가 탄생했어.

가운데 앙

사람 머리와 관련된 글자 중에 무서운 글자도 있어. 옛날에는 전쟁에서 포로로 잡혀 오거나 죄를 지으면 머리에 형틀을 씌웠거든. 그렇게 머리에 형틀을 씌워 놓은 모양이 바로 央(앙) 자야. 때마침 '가운데'를 뜻하는 글자가 필요했어. 사람들은 이리저리 궁리하다가 형틀을 씌울 때 머리가 형틀의 한가운데 오기 때문에 이 글자를 빌리게 되어 가운데 앙(央) 자가 되었단다.

일찍 죽을 요

사람들이 빨리 달려가는 모습을 그린 글자로는 夭(일찍 죽을 요) 자가 있어. 이 글자는 사람 모양인 大에서 팔다리를 저으며 고개를 비스듬히 하고 빨리 달려가는 모양이란다. 마치 육상 경기에서 달리기 표시 같지? 이 글자는 원래 '달린다'는 뜻을 가지고 있었어. 그러다 '일찍 죽는다'는 말이 빌려 가서 뜻과 음이 '일찍 죽을 요(夭)' 자가 되었어. 목을 비스듬히 한 것을 죽는다는 뜻으로 본 거야.

달릴 주

夭 자 밑에 발 모양인 止(발 지)를 붙여 달린다는 뜻의 走(달릴 주) 자를 만들었어. 이렇듯 한자에는 표현하고자 하는 모습이 담겨 있단다. 그리고 다른 글자에 모습을 빌려 주었거나 뜻이 다소 부족할 때에는 다른 글자를 합쳐 온전하게 표현했어.

사귈 교

어른이 되니까 사람들과 어울려 다니는 일도 많아졌어. 그것을 뜻하는 글자는 어떤 모습에서 나왔을까? 사람들이 바삐 돌아다닐 때 다리를 빨리빨리 움직여야 하니까 大 자의 다리를 교차시킨 모습으로 표현했단다. 그것이 바로 交(사귈 교) 자란다.

글월 문

아람아, 아주 옛날 사람들은 몸에 특히 가슴에 문신을 해서 자기 종족을 표시했단다. 지금도 밀림에 사는 사람들은 온몸에 갖가지 그림을 그리잖니? 이렇게 가슴에 여러 가지 그림을 그려 나타낸 것이 바로 文(문) 자란다. 이 글자는 원래 아름다운 무늬처럼 '꾸민다'는 뜻이 있었어. 그러다가 글 쓰는 사람들은 말을 재미있게 꾸미니까 이 글자를 빌려 '글월 문(文)'이라고 했고, 문자 또는 문학이라는 말에도 썼어. 그 후로 점차 '꾸민다'는 뜻은 사라지고 말았지.

무늬 문

文 자에는 '무늬'라는 의미가 깃들어 있고 '문'이라고 불렸어. 그런데 점차 文만으로는 무늬나 꾸민다는 뜻을 정확히 전하기가 힘들어진 거야. 그런데 천을 짤 때 무늬가 생기잖아. 그것을 보고 천을 짜는 실을 뜻하는 糸(실 사)를 붙여 紋(무늬 문) 자를 다시 만들었지. 처음에는 文이 '꾸민다'는 뜻을 가졌지만 紋처럼 합친 글자에서는 '문'이라는 소리만 갖게 된 거야. 그래서 紋 자의 음은 여전히 文과 같단다. 한자가 처음 생겼을 때에는 모양을 본따 문자를 만들었다는 말을 여러 번 들었을 거야. 시간이 지나면서 많은 글자가 필요하게 됨에 따라 사람들은 점차 쓰는 말과 같은 소리가 나는 글자를 이용하여 새로운 글자를 만들게 되었단다.

또 역

아람아, 팔다리를 벌리고 서 있는 大 자는 계속 글자를 만들어 냈지? 양쪽 팔 밑에는 뭐가 있겠니? 보기에는 아무것도 없지? 만약 할머니가 네 겨드랑이를 만지면 넌 간지럽다고 데굴데굴 구를걸? 그런데 아무것도 드러나 보이지 않잖아. 그래서 양쪽 겨드랑이 밑에 점 두 개로 표시를 했어. 이곳에 겨드랑이가 있다는 생각으로 말야. 이렇듯 생각을 표시한 거니까 앞에서 배운 것처럼 '지사' 글자란다. 大 자의 양쪽에 점을 합친 것이 겨드랑이를 뜻하는 亦(역시 역) 자야. 때마침 '역시'라는 말이 필요한데 만들기가 무척 어려웠어. 그래서 이 글자를 빌려서 '역시'라는 뜻의 亦 자로 쓰게 된 거야. 글자 둘을 합쳐서 다른 글자를 만들 때 紋 자처럼 완전히 두 글자를 합치는 경우가 있고, 亦 자처럼 글자가 아닌 일종의 부호를 합치는 경우도 있었단다.

설 립

사람이 똑바로 서 있는 모양이 大라고 했지? 그런데 두 발로 '힘주어 떡 버티고 서 있다.'는 말이 필요했어. 그래서 大 밑에 완전한 글자는 아니지만 장소를 나타내는 '一' 획을 붙여 立(설 립) 자를 만들었어.

자리 위

그런데 그냥 서 있는 모양은 立이지만, 사람이 차지하고 있는 '자리'나 '위치'를 뜻하는 말이 필요했기 때문에 사람(人)에다 立을 합쳤어. '사람'도 '서 있다'도 아닌 '자리', '위치'라는 뜻의 새로운 글자를 만들어 낸 거야.

나란할 병

이번에는 '나란하다'라는 말이 필요했어. 이 말은 두 사람이 앞을 보고 나란히 서 있는 모습을 그려 나타냈어. 그 글자가 바로 竝(나란할 병) 자야. 並이라고도 쓴단다.

꼬리 미

그런데 잠깐! 사람이 옆으로 선 모양이 人이라고 했지? 옛사람들은 꼬리를 아주 아름답게 여겼는데 尾(꼬리 미) 자는 옆으로 서 있는 사람의 엉덩이에 꼬리가 나 있는 모양이야. 저 항아리 속의 사람들을 봐. 7,000년 전 신석기 시대 사람들이 그려 놓은 춤추는 모습인데 꼬리도 그려 놓았잖니? 꼬리가 있어 춤추는 모습이 더 활기차고 즐거워 보이지 않니?

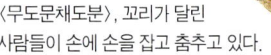
〈무도문채도분〉, 꼬리가 달린 사람들이 손에 손을 잡고 춤추고 있다.

미칠 급

꼬리와 관련된 글자는 또 있어. 사람이 어디어디에 '이르다', '미치다'라는 말을 '급'이라고 했는데 글자가 필요했단 말이야. 그래서 앞사람의 꼬리를 잡는 모양으로 표현했어. 바로 及(미칠 급) 자인데, 사람 옆모습의 엉덩이 밑에 손을 그려 앞사람 꽁무니를 잡는 모양이야.

아름다울 미

사람들은 꼬리뿐 아니라 머리에 깃털로 장식하는 것도 매우 아름답다고 여겼어. 그래서 사람 머리 위에 깃털 장식을 한 모습을 표현해 美(아름다울 미) 자를 만들어 썼단다. 당시 사람들이 무엇을 아름답다고 했는지 갑골문자를 보면 알 수 있겠지?

없을 무

텔레비전에서 브라질 사람들이 삼바춤을 추는 것 보았지? 머리에 깃털 달린 고깔모자를 쓰고 신나게 춤추는 모습 말이야. 깃털모자를 쓰고 춤도 추었겠지만 사실 춤추는 모양은 따로 있어. 옛날 중국에서는 양손에 무엇인가를 들고 춤을 추었는데 그 모양을 그린 것이 無야. 마침 '없다'는 말도 '무'라고 했는데 형체가 없으니 문자로 만들기가 어려워서 소리가 같은 無 자를 빌려 '없을 無'라는 뜻으로 사용했지.

춤출 무

그러다 보니 '춤추다'라는 뜻인지 '없다'라는 뜻인지 확실히 구분할 필요가 있었어. 춤을 출 때 발을 움직여야 하니까 '춤추다'는 두 발이 꼬인 모양인 舛(어그러질 천) 자를 無 자 밑에 붙여 舞(춤출 무) 자를 다시 만들었어. 둘 다 '무'라고 소리 내지만 이제 無 자는 '없다'가 되고, 舞 자는 '춤'이 되어 쉽게 구별하게 된 거야. 아람아, 설명을 듣고 보니 無 자와 舞 자가 그리 어렵지 않지? 이런 글자들은 모두 大 자를 이용해서 만든 거야. 그러니까 大 자는 이런 글자들의 씨앗 글자라고 할 수 있지.

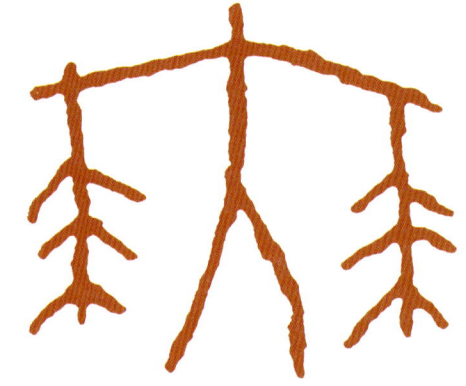

한자를 모를 때는 먼저 한자 사전을 찾아야 하는데, 사전의 앞이나 뒤엔 부수가 나와 있어. 지난번 아람이가 할머니네 집에 왔을 때 할아버지께서 "옥편 가져오너라." 하셨잖니? '옥편'은 1,500년 전 중국에서 만들어진 글자풀이 책 이름인데, 우리 나라에서는 '한자 사전'이라는 의미로 쓰여. 사전에는 글자를 찾기 쉽도록 '부수'가 나와 있는데 어떤 글자를 찾아보려면 먼저 그 글자가 어느 '부수'에 있는지 알아야 돼. '부수'는 씨앗 글자들을 모아 놓은 주머니니까. 〈한자에 세상이 들었어요〉에 실린 글자들은 거의가 부수들이었지?

부수는 약 2,000년 전 한나라 때 허신이라는 사람이 만들었어. 처음에는 540자였는데 214자까지 줄었고 지금은 사전에 따라 조금씩 다르지만 약 240자 정도 된단다. 부수를 확실하게 알면 한자 공부 반은 한 셈이야. 한자가 가장 많이 실린 청나라 때 〈강희자전〉에는 약 4만 5,000자가 있는데 모두 214자의 부수 속에 들어 있어. 가령 木(나무 목) 부수를 보자. 이 부수 속에는 수백 자가 있는데 모두 나무와 관련이 있어. 그러니 확실한 뜻을 모를 때도 최소한 나무와 관계가 있다는 것을 알 수 있지. 부수는 사물의 종류를 구별해 주는 글자니까 먼저 부수를 익혀 어떤 자들이 있나를 살펴보아야 해.
그럼 다음번에도 계속해서 재미있는 이야기를 들려 줄게. 안녕.

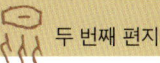 두 번째 편지

아람이의 답장을 받고 무척 기뻤단다.
특히 네가 한자로 大丈夫(대장부)라고 쓴 것을 보았을 때의
기분 좋은 느낌은 감격이란 말로 밖에는 표현할 길이 없구나.
아람아, 이번에는 사람의 옆모습인 人(사람 인) 자를 이용해서 만든
글자들을 찾아 여행을 떠나 보자.
人 자는 사람의 생활이나 행위,
동작 등과 더욱 깊은 관계가 있단다.
그러니까 아람이가 人 자를 이용해 만든 글자들이
어떻게 생겨났는지 잘 이해한다면
옛날 사람들이 살아왔던 모습도 생생하게
상상할 수 있게 될 거야.

질그릇으로 된 사람 모양. 신석기 시대. 인형의 속은 비어 있고 열려 있는 머리의 윗부분은 잔 모양으로 만들어졌다.
넓은 어깨, 건장한 체격의 다부진 몸매를 보여 주고 있는데, 이를 통해 신석기 시대 사람들의 체격이나 생활상을 엿볼 수 있다.

 몸 신

먼저 사람들은 '몸'이라는 글자를 만들려고 했어. 大 자는 팔과 다리를 벌린 모양을, 人 자는 사람의 옆모습을 그렸지? 몸은 어떻게 그렸을까? 사람의 옆모습인 人 자의 배를 크게 부풀려 마치 엄마가 아기를 밴 것처럼 그렸어.

 될 화, 변화할 화

변화란 새로운 것을 많이 탄생시켜 줘. '변화한다'라는 뜻의 '화'를 어떻게 만들었나 보자. 옆으로 서 있는 사람 곁에 한 사람을 거꾸로 세워서 사람이 변화하는 상황을 표현해 化(될 화, 변화할 화) 자를 만들었어.

 견줄 비

두 사람이 앞을 보고 나란히 서 있는 모양이 竝(나란할 병) 자였지? 이번엔 옆으로 서 있는 사람 두 명을 나란히 세워 '견주다'라는 뜻의 글자를 만들었는데 바로 比(견줄 비) 자란다. 두 사람이 나란히 있으니까 비교가 되지 않겠니?

북녘 북

이번엔 '등'이라는 글자가 필요했어. 사람들은 등을 '배'라고 불렀어. 너라면 어떻게 만들었겠니? 人 자에는 등이 나타나 있잖아? 옛날 사람들은 두 사람이 등을 대고 있는 모양으로 나타냈단다. 바로 北 자인데 '배'라고 했지. 때마침 '북쪽'을 뜻하는 글자가 필요했지만 만들 방법이 없었지. 그런데 사람들은 추울 때 남쪽 하늘에 떠 있는 해를 바라보는 습성이 있어. 그럴 때 등은 언제나 북쪽을 향하거든? 그래서 '등'이란 뜻의 北 자를 빌려 '북녘'이라는 뜻의 글자로 쓴 거야.

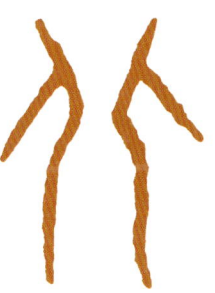

등 배

그런데 '등'이라는 글자도 여전히 필요했어. 그래서 등을 나타내는 글자를 다시 만들었는데 바로 背(등 배) 자야. 등은 온통 살이잖아. 그래서 北에 肉(고기 육) 자를 붙였지. 이 부분에서 총명한 아람이가 분명 궁금해할 문제가 있어. 背 자의 아래 글자를 고기 육(肉) 자라고 했는데 정작 글자는 月(달 월) 자와 비슷하단 말이야. 肉 자는 한 글자로 쓸 때는 肉으로 쓰지만 다른 글자와 합칠 때는 '月(고기 육)'으로 쓴단다. 이제 궁금증이 풀렸지?

무리 중

아람아, 두 사람이 나란히 서 있는 글자를 배웠는데, 세 사람이 나란히 있는 글자도 있어. 궁금하지? 많은 사람이 모여 있는 모양을 태양 아래 세 사람이 나란히 서 있는 형태로 나타냈어. 바로 衆(무리 중) 자야. 셋이란 숫자는 중국 사람들에게 '많다'는 뜻이 있거든. 이 갑골 문자를 보렴. 태양 아래 세 사람이 옆으로 서 있지? 그런데 세월이 지나면서 사람들이 잘못 베껴 쓰다 보니 태양은 血(피 혈)로 변했고, 사람의 흔적은 온데간데없이 오히려 돼지 모양인 豕(돼지 시)가 되고 말았어. 갑골 문자는 이렇게 잘못 변한 글자의 원래 모양을 알려 준단다. 아람아, 너도 한글을 쓸 때 '지' 자인지 '거' 자인지 분간할 수 없을 때가 있더라. 정확히 써야 해.

아이밸 잉

그런데 아주 재미있는 글자가 있어. 어머니가 동생을 낳기 전 배가 크게 불렀던 모습 기억나지? 그 모양을 그대로 그린 것이 孕(아이밸 잉) 자란다. 엄마 뱃속에 아이(子)가 있는 모양이지.

 子는 아이를 나타낸다고 했는데 또 다른 아이도 있어.
아이 아 이 그림을 봐. 무슨 모양 같니? 팔과 다리 부분은
사람의 옆모습인데, 머리는 크기도 하고 또 위를 향해
열려 있지. 이 머리 모양은 갓난아기가 정수리로 볼록볼록 숨을
쉬는 모양이야. 갓난아기들의 정수리를 보면 숨골이라는 것이
있거든. 가만히 들여다보면 이 숨골이 위아래로 볼록볼록 숨을
쉬는 것처럼 보인단다. 머리 위로 숨을 쉬는 아이의 모양을 그려
兒(아이 아) 자를 만든 거야. 새근새근 평화롭게 잠자는 천진스러운 아기들의
모습이 떠오르는구나.

엄마는 아기를 낳고 또 젖을 먹여 기른단다. 젖을
먹이는 모양을 그려 '젖' 또는 '젖을 먹인다' 는
젖 유 뜻으로 썼어. 이 갑골문을 좀 봐. 엄마가 아이를 폭
감싸 안고 젖을 먹이는 모양 그대로잖아.

칠 벌

아기 웃음처럼 평화로운 시간만 계속된다면 얼마나 좋겠니. 그런데 옛날에는 싸움이 지금보다 더 잦았어. 이 마을 사람들이 저 마을을 쳐들어가고, 이 나라가 저 나라를 무찌르고 하다 보니 '치다', '무찌르다'라는 뜻의 무시무시한 글자도 만들어졌어. 그 가운데 伐(칠 벌) 자가 있어. 이 글자는 옆으로 서 있는 사람의 목을 무기로 자르는 모양이야. 그래서 사람(人)에다 무기(戈)를 합친 거야. 이렇듯 완전한 두 글자를 합쳐 사람도 무기도 아닌 '치다'라는 뜻의 새로운 글자가 탄생한 거야. 이러한 방법을 '회의'라고 한단다.

회의란 상형자나 지사자가 사용되면서 써야 할 말은 점점 많아지는데 그 모든 것을 그림으로 그려 낼 수가 없어서 생각해 낸 방법이란다. 이미 있는 글자를 뜻에 맞추어 두 글자씩 합쳐 새로운 뜻의 글자를 만들어 낸 거지. 앞으로 이야기할 많은 글자들이 바로 이런 회의 글자들이야. 처음에는 이해가 잘 가지 않더라도 앞으로 나올 글자들을 잘 보면 쉽게 알 수 있을 거야.

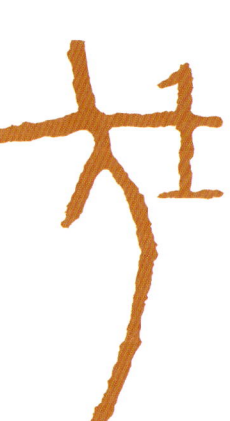

어찌 하

우리 나라 사람들이 물건을 나를 때 남성은 등에다 지고 여성은 머리에 이지? 중국 사람들은 어떻게 하는지 아니? 중국 무협 영화를 보면 어깨에 메고 가지 않던? 아주아주 먼 옛날부터 그랬나 봐. 何 자는 원래 사람이 어깨에 물건을 메고 있는 모양이야. 그냥 메는 게 아니라 긴 장대 양쪽에 물건 담은 바구니를 끈에 달아 걸쳐 메는 거야. 아람아, 한 민족의 풍습이란 이렇게 긴 역사가 있는 거란다. 3,000년 전에도 중국 사람들은 그렇게 물건을 날랐던 거지.

그런데 '어찌'라는 말도 '하'라고 했어. 말은 있었지만 아직 글자가 없었거든. 글자를 만들려고 하다 보니 무척 어려웠나 봐. 할 수 없이 음이 같은 '메다'라는 뜻의 何 자를 빌려 썼어. 이렇게 음이 같아 빌려 쓴 방법을 '가차'라고 한단다. 그래서 何(어찌 하) 자가 되어 버린 거야. 중국 사람들은 글자를 만들기도 잘했지만 빌려 쓰기도 잘했어. 급할 때에는 새로 만드는 것보다 빌려 쓰는 게 쉬우니까. 그런데 '메다'라는 글자도 필요했어. 생각 끝에 ++(풀 초)를 붙여 荷(멜 하) 자를 다시 만들었단다. 이제 何는 '어찌'라는 뜻으로만 썼고 荷는 '메다'라는 뜻이 되었어.

제후 후

옛날 사람들은 봄이면 뜰에 나가 활을 쏘았단다. 주로 장막을 치고 과녁에 활을 쏘았는데 그 모양을 그려 활 쏘는 사람을 나타냈어. 활 쏘는 사람의 모습이 제후를 뜻하는 말이 된 데에는 사연이 있단다. 옛날에 활은 제후처럼 지체 높은 사람들만 쏠 수 있었거든. 시간이 지나면서 人 자를 붙여 侯(제후 후) 자가 됐어.

새겨진 문자 속에 활을 나타내는 글자의 모양이 보인다.

바랄 기

아람아, 옛날 중국 사람들은 어떤 일을 '기대하다', '바라다'는 말을 '기'라고 불렀고, 그런 뜻을 담는 글자를 만들고 싶어했단다. 그래서 궁리 끝에 까치발을 하고 서서 애타게 누군가를 기다리는 사람 모양으로 나타냈어. 바로 企(바랄 기) 자야. 너와 같은 어린이는 우리 미래의 희망이야. 꿈을 크게 갖고 간절한 바람을 가지면 못 이룰 것이 없단다. 이번 학기는 한자를 확실하게 이해하는 학기로 목표를 정해 보면 어떻겠니?

쉴 휴

공부할 땐 열심히 하더라도 사이사이 쉬기도 해야지. 아람이는 쉴 때 어떻게 하니? 옛날 사람들은 땀을 뻘뻘 흘리며 밭을 갈다가 힘이 들면 나무 그늘에서 쉬었단다. 그래서 사람(人)과 나무(木)를 합쳐 休(쉴 휴) 자를 만들었어. 사람과 나무를 합쳐 사람도 나무도 아닌 '쉬다'라는 전혀 새로운 뜻의 글자를 만든 거야. 이런 방법을 '회의'라고 했지?

살 주

쉴 때는 나무 그늘에서 쉬지만, 사람이 사는 곳은 집이지. 그 속에서 '살아간다'는 말을 '주'라고 하는데, 어떻게 글자를 만들었는지 살펴보자. 사람이 살아가니까 人 자를 뽑고 '주'라는 말과 음이 같은 '主'(주인 주) 자를 골라 두 자를 합한 거야. 主 자는 나뭇등걸에 불이 타는 모양을 나타낸 거라고 했지? 음식을 익혀 먹거나 어둠을 밝힐 때와 같이 사람이 살아가는 데 불은 아주 중요해. 그래서 住(살 주)가 만들어졌어. 이 글자에서 主는 글자를 읽을 때 어떤 소리를 내야 하는지 알려 주지. 이 점은 두 자가 모두 뜻을 주는 회의 글자와는 좀 다르단다. 합해진 두 자 중 한 자는 뜻을, 다른 한 자는 소리를 표현하는 것이거든. 住 자는 사람이 살아가는 곳과 연관이 있는 住所(주소)나 주민등록증(住民登錄證) 같은 단어에 쓰이고 있단다.

의지할 의

사람은 혼자서 살아갈 수 없어. 우리는 다른 사람들과 서로 돕고 의지하며 살아야 한단다. 중국 사람들은 '의지하다'라는 말을 '의'라고 소리 내었어. 이 말을 글자로 어떻게 나타낼까 곰곰이 생각하다가 '옷에 의지해 추위를 막는 것'을 떠올렸어. 그래서 사람 인(人)과 옷 의(衣)을 합쳐 依(의지할 의) 자를 만들었단다. 여기서 衣는 依의 소리를 나타내 주고 있지. 이렇게 합쳐진 두 글자 중 한 자가 음을 나타내는 방법을 '형성'이라고 한단다.

믿을 신

사람들이 서로 의지하면서 살아갈 때는 믿고 신뢰하는 마음이 필요하단다. 믿을 수 있는 사람인지 아닌지는 먼저 그 사람의 말을 들어 보고 어떻게 행동하는지를 봐야지. 그래서 '믿음'이라는 뜻의 信(믿을 신) 자는 사람(人)과 말씀(言)을 합쳐 만들어졌어. 사람의 말에는 믿음이 있어야 하니까 이 두 자를 합쳐서 사람도 말도 아닌 '믿음'이라는 새로운 글자를 만든 거야. 종이가 없던 시절에는 멀리 있는 사람에게 소식을 전할 때 사람의 입을 통해야만 했거든. 당연히 믿을 만한 사람에게 부탁을 해야 했겠지. 그래서 '편지'라는 뜻도 생겨났어. 서신(書信), 답신(答信)이라고 할 때 쓰는 信 자가 바로 '편지'라는 뜻으로 쓰이는 경우야.

보호할 보

거짓말을 하면 누가 믿어 주겠니. 거짓말을 많이 하면 '양치기 소년'처럼 위험할 때도 다른 사람에게 보살핌을 받지 못해. 남의 보살핌을 받지 못하면 얼마나 서글프겠니? 아픈 사람이나 노인도 그렇지만 특히 아기들은 보호가 필요하지. 아기에겐 어머니의 보살핌이 가장 필요해. 그래서 '보호하다'는 말은 사람이 손을 쭉 뻗어 아기를 안고 있는 모양으로 나타냈어. 人과 子가 합쳐진 글자이지만 시간이 가면서 子 자가 변해 지금과 같은 모양의 保(보호할 보) 자가 되었단다.

네가 답장에서 할머니가 전에는 '빌려 썼다'라는 말을 많이 했는데 지금은 '합쳤다'는 말을 많이 한다고 썼더구나. 그걸 보고 할머니는 너무 기뻤단다. 무턱대고 할머니 이야기를 듣는 게 아니라 무언가 깨우쳐 간다는 걸 알았으니 말이야. 그 이유를 말해 줄게. 처음에는 글자가 많지 않으니까 새로운 글자를 계속 만들어야 했어. 그러다 만들기 어려우면 있는 글자 중에서 음이나 뜻이 비슷한 자를 빌려 썼단다. 하지만 글자가 점점 더 많아지니까 이제는 빌리기보다 두 글자나 세 글자를 합쳐 전혀 새로운 뜻의 글자를 만든 거야. 伐(칠 벌), 信(믿을 신), 保(보호할 보) 자가 이런 경우지. 이 방법을 '회의'라고 했지?

신선 선

사람들은 세상 살아가는 것이 힘들면 신선을 부러워해. 수염을 길게 기르고 큰 고목나무 밑에서 바둑을 두고 있는 사람 말이야. 옛사람들은 신선을 '선'이라고 하면서 이에 맞는 글자를 만들고 싶어했단다. 사람들은 신선이 깊은 산속에서 아무 걱정 없이 살면서 '금도끼 은도끼' 이야기에 나오는 것처럼 착한 사람을 도와 준다고 생각했지. 그래서 人(사람 인)과 山(메 산) 자를 합쳐 仙(신선 선) 자를 만든 거야. '선' 자와 '산' 자는 음에 'ㄴ' 받침이 있는 게 비슷해. 仙 자에서 山은 음표와 같은 셈이지만 의미도 산과 어느 정도 연관이 있으니까 山 자가 신선을 나타내기에 알맞다고 생각했던 거야.

〈선매헌서도〉. 청나라 때. 동자의 시중을 받고 있는 신선의 모습.

오줌 뇨

아람아, 人 자로 만든 글자는 아주 많지만 몇 글자만 더 이야기할게. 그런데 코 좀 막아 봐. 왠지 아니? 尿(오줌 뇨) 자는 옆으로 서 있는 사람이 소변을 보고 있는 모양이거든. 위에 있는 자는 부수에서 尸(주검 시)라고 하지만 원래는 옆으로 서 있는 사람(人)이 무릎을 꿇거나 좀 누워 있는 듯한 모양이었어. 그러다가 언제부터인가 '죽은 사람'이라는 뜻이 되어 버렸지.

집 옥

尸자가 '죽은 사람'이라는 뜻으로 쓰이지 않는 경우가 또 있어.

屋(집 옥) 자를 보자. 家(집 가)나 室(집 실)처럼 사람이 머무는 곳을 말해. 室 자는 옆의 갑골문처럼 집(宀) 안에 화살이 이른다는 뜻인 至(이를 지) 자를 넣어 만들었어. 屋 자는 원래 人과 至를 합쳐 만들었는데 人이 尸로 변한 거야. '사람이 이르러 사는 곳'이란 뜻이지. 그러니까 여기서 尸는 살아 있는 사람이야.

아람아, 지금 家와 屋은 어떻게 다를까 생각하고 있지? 家는 정다운 식구들을 모두 포함한 의미로 쓰이고 屋은 주로 건물을 가리킨단다.

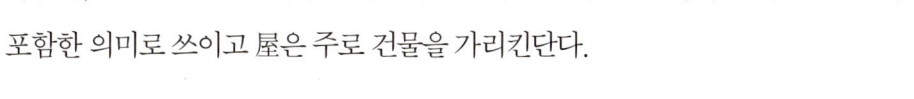

이 세상은 사람이 살아가는 터전이고 사람이 주체가 되기 때문에 처음부터 사람의 신체 각 부위를 묘사해 글자로 만들었어. 그러다 시간이 지날수록 점점 사람과 관계된 문자가 많이 필요해서 人 자를 넣은 한자도 많아졌단다.

세 번째 편지

아람이의 편지를 받을 때마다 할머니는 기대와 흥분을 감출 수가 없구나.

아람이가 배운 한자를 편지에 써 보이기라도 하면 기쁨은 배가 되니까.

오늘은 어린아이를 나타내는 子(아들 자) 자에 대한 이야기를 하마.

그런데 子는 아주 중요한 글자이지만

세상을 이끌어 나가는 어른의 모습인

大나 人 자에 비해 많은 문자를 만들어 내지는 않았어.

앞선 편지에서 子가 들어가는 글자 가운데

字(글자 자), 孫(손자 손), 孕(아이 밸 잉) 자를 배웠지?

그 밖에도 일상 생활 중 부모나 자녀,

어른과 아이의 관계에서 많은 생각을 하게 되면서

子를 이용한 문자가 만들어지게 되었단다.

子가 낳은 자

〈법화경〉. 당나라 때. 돈황벽화의 그림으로 왼쪽 아랫 부분 어린이들의 모습이 눈길을 끈다.
어린이와 같이 천진난만해야만 도를 이룰 수 있다는 내용을 담고 있다.

효도 효

子와 관련된 글자 가운데 할머니는 孝 자를 가장 먼저 설명하련다. 아람이처럼 할머니 어깨도 주물러 주고, 부모님 말씀 잘 듣는 아이는 효성이 지극하다고 하지. 이 말을 글자로 어떻게 만들었을까? 아이(子)가 노인(老)을 부축하고 있는 바로 그 모양으로 나타냈단다. 부모를 공경하고 섬기는 것이 효의 근본인데 정말 잘 표현했지? 3,000년 전에 이미 효가 행해졌다는 걸 알 수 있구나. 갑골문이 있어 그런 생생한 모습을 우리가 보고 이해할 수 있는 거란다.

노인 노

孝에서 老 자는 뺄 수 없는 글자야. 노인이라는 글자를 만들려고 할 때 가장 먼저 생각나는 게 지팡이지? 그래서 老(노인 노) 자는 허리 굽은 노인이 지팡이를 짚고 있는 모양이야. 아주 옛날에도 몸이 불편한 할아버지, 할머니 들은 지팡이를 짚었구나. 사람 사는 모습은 옛날이나 지금이나 비슷한 점이 많아.

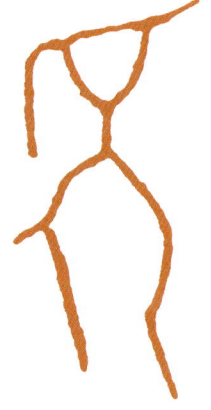

기를 부

옛날에는 전쟁에서 이기면 적국의 사람들을 잡아 왔단다. 그래서 '잡아 오다'라는 뜻의 글자를 만들려고 했는데 생각 끝에 손으로 아이들을 잡아 오는 모양을 그렸어. 손을 나타내는 爪와 子를 합쳐 '잡아 오다'라는 뜻의 孚(기를 부) 자를 만든 거야. 원래는 '잡아 오다'라는 뜻이었는데 점차 '기르다'라는 뜻으로 끌어 쓰게 되었어. 왜냐고? 전쟁에서 이기면 잘못이 없는 사람들까지 잡아 오게 되는데 막상 어린아이들을 잡아 와 보니까 불쌍하게 생각되어 자신들의 아이처럼 돌본 거야. 그래서 '기르다'라는 뜻을 지니게 되었단다.

사로잡을 부

'잡아 온다'라는 뜻의 글자도 필요하니까 孚에 人을 붙여 俘(사로잡을 부) 자를 다시 만들었어. 孚 자는 '잡아 오다'라는 뜻이 있고 소리도 나타내 주고 있어. 이렇게 두 자를 합쳐 글자를 만들 때, 그 중 한 글자는 뜻을, 다른 한 글자는 자신들이 쓰는 말소리와 같게 했던 형성은 정말 훌륭한 방법이지?

季
끝 계

또 생활에서 힌트를 얻어 만든 글자가 있어. '끝'이라는 뜻의 글자를 만들어야 했는데 어렵단 말야. 그래서 어린 벼를 생각해 禾(벼 화) 자와 子(아들 자) 자를 합쳐 季(끝 계) 자를 만들었어. 어린 벼는 작으니까 '어리다'라는 뜻이 있고, 어린이는 어른 뒤에 따라오니까 '늦다', '끝'이라는 뜻이 생겼어. 끝이라는 뜻은 계절의 끝을 나타내기도 해, 늦은 봄을 季春이라고 하다가 '계절'이라는 뜻도 생겨났지.

이렇게 기발한 생각으로 끝이라는 뜻의 季(계) 자를 만들었어. 그러나 季 자는 점차 '계절'이라는 뜻으로 더 많이 쓰였어. 사람들은 한자를 처음 만들 때의 뜻보다 많이 쓰이는 뜻을 중요하게 여겼기 때문이야.

育
기를 육

아람아, 앞에서 배운 어머니가 아기를 뱃속에 담고 있었던 孕(아이밸 잉) 자 기억나니? 어머니는 뱃속에 아기가 생기면 열 달 뒤에 낳지. 아기를 낳는 모양인 글자는 育(기를 육) 자야. 子가 안 보인다고? 할머니의 설명을 들어 보렴. 育자의 위에 있는 ㄊ은 子가 거꾸로 있는 모양으로 뱃속에서 아기가 나오는 것을 뜻해. 갑골문을 봐. 옆으로 있는 어머니의 엉덩이 밑에 아기가 거꾸로 나오고 있는 모양이 보이지? 그런데 글자는 점차 쓰기 편하게 변해 갔기 때문에 밑 부분이 月(肉) 자로 바뀌었어.

매양 매

이 글자는 女 자의 머리에 예쁜 핀을 꽂고 있는 모양이란다. 이야기를 들으니까 어떠니? 더욱 재미있지? 그런데 每는 나중에 每(매양 매) 자가 되었어. 매양은 '각각의 모양'이라는 뜻이란다. 매일이라고 할 때 쓰는 '매' 자 말이야.

왕후 후

마지막으로 后(왕후 후) 자를 살펴보자. 모계 사회에서 족장은 여성이었는데 일족을 낳게 한 할머니를 높여 '毓(육)'이라 했어. 옛날 책에서는 '后'라고 했단다. 모계 사회는 어머니가 가정의 중심이야. 부계 사회는 아버지가 중심이지만. 아람아, 지난번 네가 너희 집에서 엄마가 '안 돼' 하면 아무것도 못 한다고 했지? 그렇다고 아람이 집이 모계 사회는 아니야. 아버지가 중심이란 말은 자녀들이 모두 아버지의 성을 따른다는 거야. 엄마가 중심이 되는 모계 사회에서는 자녀들이 어머니의 성을 따랐거든.

네 번째 편지

아람아, 어머니의 성을 따랐던 시대가 있었다는 말에 놀란 모양이구나.
여자가 세상의 중심이던 세상, 부럽기도 하고 신기하기도 하지?
오늘은 女 자를 살펴볼까?
女 자는 무릎을 꿇고 다소곳이 앉아 있는 여인의 모양이란다.
처음에는 '여성', '딸', '어머니'라는 뜻으로 쓰다가
자꾸 혼동되니까 젖 먹이는 가슴을
특별히 나타내 '어머니'라는 뜻의 母 자를 따로 만들었지.
어머니는 세상 모든 사람들의 가슴에 고이 간직된
보석 같은 존재란다. 슬플 때 위안이 되고,
절망에 빠질 때 희망으로 떠오르는 얼굴.
女 자라는 보물 주머니 안에는 또 어떤 글자들이 들어 있을까?
우리 함께 열어 보자.

女가 낳은 자

방아 찧는 모습. 송나라 때. 한 여인은 돌절구 옆에 앉아 있고 다른 여인은 디딜방아를 밟고 있다.
벽에는 바구니와 키가 걸려 있다.

좋을 호

먼저 好(좋을 호) 자를 보자. 어머니가 꼭 안고 젖을 먹이면 울던 아기도 울음을 그치고 좋아하지. 세상에 어머니 품보다 더 좋은 곳이 어디 있을까? 너도 어머니가 안아 줄 때 무척 좋아했지. 옛날 사람들도 같은 생각이었나 봐. 어머니가 아이를 안고 어르는 모양이 바로 好(좋을 호) 자야. 어머니인 女와 아이인 子(아들 자)를 합쳐 好 자를 만들었단다.

성씨 성

성을 나타내는 姓(성 성) 자는 女자와 生(날 생) 자를 합쳐 만들었어. 다시 말해 어느 여성에게서 태어났다는 뜻이야. 위에서 말했듯이 아주 오랜 옛날에는 아기가 태어나면 어머니 성을 따랐어. 같은 성끼리 결혼하는 것을 막으려는 생각이었지.

生은 원래 풀이 돋아난다는 뜻인데, 아이를 낳는다는 뜻으로도 끌어다 썼어. 재미있지 않니? 아람이가 지금은 장씨이지만 만약 옛날에 태어났다면 엄마 성을 따라 정씨가 되었을 거야.

성씨

3,300년 전 우리가 지금 보고 있는 갑골문이 쓰였던 상나라 시대에는 모계 사회가 끝난 부계 사회였어. 부계 사회로 접어들면서 아버지 성을 따르게 되었지. 氏라는 글자가 있는데 사람이 물건을 들어 올리는 모양의 옆모습이라고도 한단다. 人 자가 보이고 손으로 물건을 잡는 모양이라서 '공납하다'는 뜻이 있어. 그러다가 후대에는 '나라', '귀족'이라는 뜻으로 빌려 썼고 점차 '남자의 성씨'를 나타내게 되었지. 한 글자로 나타내던 말들의 혼동을 막고 확실하게 표현하기 위해 두 글자로 나타내 '姓氏'라는 두 글자 단어를 만든 거야.

일단 女 자가 만들어지고 나서는 여성과 관계 있는 글자를 만들 때 모두 女 자를 이용했단다. 사람과 관계 있는 글자에 人 자를 넣었던 것처럼 말이야. 이렇게 여러 가지 글자를 만드는 데 쓰인 기본 글자를 부수라고 해.

妻
아내 처

그 밖에도 여성과 관계 있는 말들을 보자. 먼저 '처'라고 부르는 '부인'이 있는데, 여인의 머리를 손으로 잡고 끌고 오는 모양이야. 아주 옛날에는 이렇게 여인을 끌고 와 아내로 삼았던 민속이 있었어. 그래서 妻(아내 처)가 된 거야. 자기 아내는 남에게 낮추어 '처'라 부르고 남의 아내는 높여서 '부인'이라고 부른단다.

婦
아내 부
며느리 부

우리는 보통 결혼한 여인을 부인이라고 하는데 옛날에는 그냥 '부'라고 불렀단다. 글자를 만들려고 이리저리 궁리하다가 부인들은 아침 일찍 일어나 긴 빗자루를 들고 마당을 쓸며 청소하니까, 빗자루 모양인 帚(비 추) 자를 빌려 '부녀'라고 했단다. 그러나 帚 자만 가지고는 빗자루인지 부인인지 의미가 확실하지 않으니까 부인에게는 女 자를 붙여 婦 자를 만든 거야. 지금은 며느리도 뜻한단다.

**굳셀 강
종족 이름 강**

그림 글자가 쓰이던 상나라 때, 상나라 사람들과 힘을 겨루던 羌(굳셀 강, 종족 이름 강)이라는 종족이 있었어. 상나라 사람들에게 강족은 적이었으니 얼마나 무섭고 미웠겠어. 이 글자는 털이 수북한 얼굴에 험상궂은 뿔도 나 있고, 잡혀 올 때 목에 올가미도 걸려 있는 모양이야. 그런데 왜 여인과 관계가 있냐고? 강족의 남성은 羌이라고 했지만 강족의 여성은 밑부분을 女로 바꾸어 姜(성 강)이라 했어. 특별히 남성과 여성을 구별하기 위해서였지.

노예 노

그 밖에도 많은 종족이 있었는데 전쟁에 지면 끌려 와 노예로 살아야 했거든. 이렇듯 노예가 된 자들을 '노'라고 불렀어. 그러니 또 글자가 필요했지. 너라면 어떻게 만들었을까? 이때 사람들은 여성들이 순해서 손으로 끌고 오기 쉽다고 생각했나 봐. 그래서 손이라는 뜻이 있는 又와 女를 합쳐 奴(노예 노) 자를 만들었어.

우아하고 예의 바른 젊은 여인의 이상적인 모습을 보여 주는 그림. 청나라 때.

妃
왕비 비

상나라 때는 婦라는 글자로 왕비를 나타냈는데, 왕의 사랑을 듬뿍 받았던 '好'라는 이름의 왕비가 있었어. 그래서 그 여인을 婦好(부호)라고 불렀어. 부호는 우리가 알고 있는 바로는 최초의 중국 왕비란다.

그런데 후대에 와서 婦는 일반 부인을 가리키고, 왕비는 '비'라고 불렀어. 아람아, 이제 '비'자를 만들어야겠구나. 우리 같이 만들어 볼까? 왕비는 여자니까 女 자를 넣고, 왕비를 '비'라고 발음하니까 지금까지 만들어 놓은 글자 중에서 '비'자와 발음이 비슷한 己(몸 기) 자를 골라 합하면 되겠지. '비'와 '기'가 왜 비슷하냐고? 옛 사람들은 완전히 같지 않고 모음이나 자음만 같아도 같은 음이라고 여겼거든. 이렇게 妃(왕비 비) 자가 탄생했어. 어떠니? 이 방법은 모양을 그리는 것보다 훨씬 쉽겠지? 이같은 형성 방법을 생각해 내기까지는 많은 시간이 걸렸어.

처음에는 사물의 모양을 그대로 그린 상형자가 있었고 다음엔 생각을 부호로 만들어 그렸는데 이 방법을 지사라고 했지? 또 그 다음에는 이미 있는 글자를 2, 3자 합쳐 만들었던 회의 방법이 있었단다. 그 사이사이에 음이 비슷한 글자들을 빌려 썼던 가차와 뜻이 비슷해서 끌어 와 썼던 '인신'이라는 방법이 있었어. 여기서 힌트를 얻어 말하려는 뜻의 한 자를 뽑고, 소리가 같은 한 자를 뽑아 합치는 형성 방법이 창안된 거야. 妃 자도 바로 그렇게 만들어진 거고.

누이 매

女 자가 들어간 글자 하나 더 배우자. 여동생을 妹(누이 매)라고 써. 여동생이니까 女 자를 뽑고, '매'라고 하니까 음이 비슷한 글자를 뽑아야 하는데…… 왜 하필 未 자를 골랐을까? 여동생은 '매'라고 하니까 음이 비슷한 '미'를 골랐단다. 未는 원래 '상큼한 맛'이라는 뜻이야. 그런데 '아니다', '조금 모자라다'라는 말이 未를 빌려 갔어. 여동생은 언니나 오빠에 비해 조금 부족한 점이 있으니까 未 자를 붙인 거지. 게다가 妹(매)와 未(미)는 자음 'ㅁ'이 비슷해. 이렇게 글자를 만들 때, 자음이나 모음 중 하나만 같아도 음이 같다고 보았어.

이제 '형성'이 무엇인지 알겠니? 형성은 말만 있으면 글자를 얼마든지 만들 수 있는 방법이야. 이 방법이 생기자 한자는 빠른 속도로 늘어나 상나라 때 4,500여 자이던 것이 지금은 5만여 자나 된단다. 형성은 한자가 만들어지고 발전하는 데 큰 전환점이 되었어. 발전을 거듭한 결과 형성을 통해 만들어진 한자가 전체 한자의 80~90퍼센트 이상을 차지하게 되었지. 형성을 통해 아주 쉽게 한자를 만들 수 있고 체계적으로 정리할 수 있기 때문이란다. 형성 글자의 의미 부분은 한자를 이해하는 데 가장 중요한 씨앗 글자들로 이루어졌다는 것 잘 알고 있지?

아람아, 지금은 할머니가 주로 회의와 형성의 방법과 그렇게 만들어진 글자에 대해 많이 이야기하려고 해.

처음에 배웠던 글자들도 기억하고 있지? 木(나무 목), 耳(귀 이), 山(메 산), 石(돌 석) 같은 상형자들이 있었지. 추상적인 그림으로 나타낸 상(上), 하(下), 역(亦) 같은 지사자들도 있었고. 이런 글자들은 글자 안에 그 자를 읽을 수 있는 소리에 대한 표시는 되어 있지 않잖아. 형성법이 등장하면서 이런 불편이 줄어들게 되었어. 여동생이라는 뜻을 주는 女에 소리를 표현하는 未를 합쳐 누이를 뜻하는 妹 자를 만들어 낸 것처럼 말이야. 이제 한자는 사람들이 쓰던 말과 가까워지게 되었고 더 이상 상형 문자로만 남아 있지 않게 된 거야.

상형, 지사, 회의, 형성, 이 네 가지는 문자를 만드는 가장 기본적인 방법이란다. 아람이가 이 네 가지 방법을 확실하게 이해하면 한자를 보는 눈이 트이고 원리를 터득했다고 할 수 있어. 뿌듯하지?

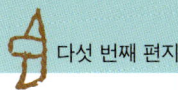 다섯 번째 편지

오늘은 아람이와 네 어머니가 보낸 두 통의 편지를 함께 받았어.
어머니는 아람이가 한자를 배운 뒤로 전보다 의젓해지고 생각도 깊어졌다고 하더구나.
그런 말을 들으니 아람이에게 한자를 가르쳐 준 보람을 느껴
할머니도 어깨가 으쓱해지는 것 같아 얼마나 좋은지 모르겠구나.
이번에는 目(눈 목) 자와 自(스스로 자) 자를
보려고 해. 目은 눈 모양이라고 했지?
'눈'이라는 글자를 만들 때 사람의 눈 모양을
그대로 그렸어. 그러다 쓰기 편하게 세워 써서
目 자가 되었단다. 점차 눈과 관계 있는 말이 많이
생겨나 더 많은 글자가 필요하게 되었고,
目을 이용해 또 다른 글자를 만들어야 했지.
自(스스로 자)가 원래는 코 모양이었다는 것도 기억하지?
원래는 코를 뜻하는 글자로 만들어졌다가 '나 자신'이라는 뜻으로
바뀌었다는 것도 기억하겠지?
하지만 다른 글자와 합해져 새로운 글자를 만들 때에는
여전히 코라는 뜻을 가지고 있단다.
오늘은 눈 모양을 나타낸 目와 코라는 뜻을 갖고 있는 自가 만들어 낸 글자들을 보려고 해.

5,000여 년 전에 만들어진 사람 머리 조각. 만들어진 당시에는 머리의 아랫부분도 있었을 것으로 짐작하지만
현재는 머리 부분만 남아 있다. 넉넉하고 후덕한 인상을 하고 있다.

신하 신

먼저 臣(신하 신) 자부터 보자. 이 글자는 처음부터 눈을 세워 그려 놓은 거란다. 왠지 아니? 신하는 꿇어앉아 고개를 숙인 채 높이 있는 임금님을 쳐다보니까 눈을 세워 표현한 거야. 텔레비전에서 사극을 보면 신하는 밑에 있고 임금님은 높은 데 앉아 있잖아? 올려다보는 신하의 눈은 세워 놓고 눈동자를 좀더 튀어나오게 그려 目 자와 구별했단다.

볼 견

눈의 중요한 임무는 사물을 보는 일이잖아? 그러면 '보다'는 어떻게 썼을까? 目(눈) 아래에 사람(人)을 붙여 見(볼 견) 자를 만들었어. 이 글자는 사람이 서거나 꿇어앉아 멀리 내다보는 모양을 그린 거야.

看 볼 간

멀리 있는 것을 잘 보려고 할 때 사람들은 어떻게 할까? 두 눈에 힘을 잔뜩 주고 또 손을 눈에 대고 까치발을 하고 보겠지? '보다'는 뜻을 가진 글자로 看(볼 간) 자가 있는데, 정말 손을 눈에 대고 멀리 내다보는 모양이야. 手(손 수) 자와 目(눈 목) 자를 합친 글자란다.

眉 눈썹 미

눈 위에는 눈썹이 있지 않니? 眉(눈썹 미) 자는 눈 위에 눈썹이 나 있는 모양이란다. 目 자만 넣으면 '보다'와 관련된 글자를 얼마든지 만들 수 있어. 그러니까 여기서는 目 자가 '보다'는 의미를 전해 주는 가장 기본이 되는 글자란다.

眼 눈 안

이제 目이 눈인 것을 알았지? 그런데 사람들은 눈을 目이라고 쓰지만 실제로 말할 때는 '안'이라고 했어. 그러니 目 자에다 음이 비슷한 艮(괘 이름 간) 자를 넣어 眼(눈 안) 자를 만들었단다. 일상 생활에서 말할 때는 '안'이라는 말이 편했는지 '안구(眼球)', '안약(眼藥)', '안과(眼科)' 등 눈과 관련된 단어들을 만들었어. 둘 다 눈을 나타내는 글자인데 目은 주로 글로 쓸 때 사용되어 '목표(目標)', '목적(目的)' 등의 말을 만들어 냈지. 많은 한자들이 그림을 그려 만든 글자와 실제 말과 거리가 생기게 되었단다.

코 비

'코'를 그린 自 자가, 중국 사람들이 자신을 말할 때 코를 가리키는 버릇 때문에 아예 '나 자신'이라는 뜻으로 쓰이게 된 거야. 그래서 코를 뜻하는 글자를 새로 만들어야 했지. 그래서 '비'라는 소리를 가진 畀(줄 비) 자를 붙여 鼻(코 비) 자를 다시 만든 거야.

냄새 취

코는 냄새 맡는 일을 하지? 냄새를 가장 잘 맡는 코는 어떤 코일까? 그야 물론 개의 코겠지? 아람아, 개가 냄새를 잘 맡는다는 이야기는 수천 년 전부터 있어 왔단다. 옛날 사람들이 냄새라는 글자를 만들 때 自와 犬(개 견) 자를 합친 것만 보아도 알 수 있지. 그렇게 만들어진 글자가 바로 臭(냄새 취)란다.

사람들은 오랫동안 개와 함께 지내면서 생활에서 얻은 경험을 바탕으로 개가 얼마나 냄새를 잘 맡는지 알 수 있었을 거야. 집을 지키거나 사냥 갈 때 개가 아주 큰 힘이 된 거지.

숨쉴 식

息 자는 自(스스로 자) 자와 心(마음 심) 자를 합친 글자란다. 왜 自를 썼을까? 여기서 自를 어떻게 보느냐가 매우 중요해.
自(스스로 자)는 '스스로'라는 뜻이지만 원래는 '코'를 뜻하는 글자였잖아. 그래서 이 두 글자가 만나 심장의 움직임에 따라 코로 길게 숨을 쉬는 것을 표현한 거야. 그래서 息(숨쉴 식) 자라고 하거든. 옛날 사람들이 나무 그늘에 앉아 조용히 명상을 하면서 숨이 이동하는 것을 느끼며 만들었나 봐. 명상은 생각만 해도 마음을 평화롭게 만들어 주는구나.

여섯 번째 편지

아람아, 편지 잘 받았다.
네가 自 자가 특히 좋다고 해서 무슨 까닭인지 궁금했는데
글자를 많이 낳지 않아서라고? 하하, 정말 어린이다운 생각이다.
그러나 어렵게만 생각되는 한자 공부를 재미있다고 할 때가 올 거야.
특히 아람이는 열심히 하고 있으니 언젠가는
아름다운 꽃을 피울 수 있을 거라고 믿는다.
오늘은 耳 자를 공부해 보자. 耳 자는 귀 모양이란다.
그래서 '귀'라는 뜻이 있고 '듣는다'라는 말과
깊은 관계가 있어. '소리'나 '듣는다'와 관계가 있는 글자는
모두 耳 자를 붙여 만들었단다.

耳가 낳은 자

4,000여 년 전 신석기 시대. 붉은 질그릇으로 빚은 사람 얼굴. 일부가 깨어지기는 했지만 광대뼈가 불뚝 솟아 나오고, 눈 끝이 살짝 치켜 올라간 얼굴형은 몽고 인종의 특징을 보여 주고 있다. 눈, 코, 입, 귀가 뚜렷해 입체적이다.

성인 성

聖 자는 귀를 쫑긋 세우고 서서 무언가를 듣고 있는 모양이란다. 아주 오랜 옛날의 지도자는 보통 사람이 듣지 못하는 소리를 듣고 사람들에게 말해 주어 재앙을 피하도록 해야 했단다. 그래서 聖(성인 성) 자가 만들어졌어. 원래는 耳, 人, 口가 합쳐진 회의자인데 '성'이라고 읽었어. 그런데 형성 방법이 많이 쓰인 뒤로 이 글자에 읽는 발음을 넣어 주면 좋을 것 같아서 口와 人을 합쳐 呈(드릴 정) 자로 바꾸었어. '정'과 '성'은 음이 비슷하니까. 이제 聖 자는 뜻(耳)과 소리(呈)가 합쳐진 형성자가 된 거야. 좀 어렵니? 여러 번 읽어 보면 이해가 될 거야. 쉽게 말해서 상형자나 회의자들이 후대로 내려오면서 읽기 편하게 형성자로 변하기도 했어. 형성자는 글자 속에 읽을 수 있는 음표가 있는 셈이니까 사람들이 글자만 보면 뜻도 알고 읽을 수도 있게 된 거야.

들을 문

이번엔 '듣는다'라는 말을 어떻게 만들었는지 보자. 중국 사람들은 '듣는다'는 말을 '문'이라고 했어. 귀로 들으니까 耳 자를 뽑고, 문이라고 하니까 발음이 비슷한 글자를 고르면 되겠지? 너도 한번 골라 볼래? 먼저 생각나는 것이 門(문 문) 자구나. 두 자를 합치면 '耳門'이 되지. 이렇게 쓰면 옆으로 너무 넓어지게 되잖아. 그런데 門의 가운데는 비어 있네? 그러면 耳 자를 門 자 속으로 넣어 보면 어떨까? 그럼 완벽하지! 옛날 사람들도 그렇게 했어. 글자의 생김이 너무 넓으면 좁히고 너무 길면 위아래를 줄이고……. 그런 방법으로 글자들을 반듯한 네모 모양으로 만들어 갔어.

총명할 총

아람이는 총명하니까 할머니 말을 쉽게 이해했을 거야.
참, 총명하다는 말이 나왔으니까 하는 말인데 귀가 밝으면 총명하단다. 귀가 밝으면 다른 사람이 하는 말을 빨리 이해하게 되니까. 그래서 聰(총명할 총) 자는 耳로 만들었어. 耳 옆에는 또 悤(빠를 총)이 있구나. 聰과 悤은 발음이 똑같이 '총'이야. 그래서 聰 자 중에 悤은 발음을 나타내 주고 있어. 한편으로 '빠르다'라는 의미니까 빨리 이해한다는 뜻도 숨어 있고.

聾
귀머거리 농

이렇게 중요한 귀를 잘못 간수하면 소리를 듣지 못하게 돼. 소리를 못 듣는 경우 '농'이라고 말하는데, 그림으로 이 자를 표현하려면 얼마나 어렵겠니. 그런데 형성법으로 하면 그리 어렵지 않아. 耳 자를 넣으면 되니까. 소리를 못 듣는다는 말이 '농'이라고 했지. '농'과 '용'은 모음이 같아서 음이 비슷한 龍(용 용) 자를 넣어 聾(귀머거리 농) 자를 만들었어. 이 글자는 획수가 많아 복잡해 보이지만 천천히 써 보면 재미있을 거야.

聲
소리 성

'소리'라는 글자는 어떻게 나타냈을까? 먼저 옛날 중국 사람들이 소리를 어떻게 말했는지를 알아야 하는데, '성'이라고 했단다. 네가 배운 글자 가운데 '성' 자는 姓(성 성), 成(이룰 성), 聖(성인 성) 등이 있는데 음을 나타내는 데 사용할 만한 글자가 있을까? 모두 아니야. 옛날 사람들이 음을 나타내는 글자를 뽑을 때 소리만 같다고 해서 아무 글자나 고른 것은 아니거든. 같은 소리를 내는 글자가 여럿이라면 뜻으로 보아도 관계가 있는 글자를 고르기 위해 노력했지. 그렇다면 耳와 聲 자가 나타내는 의미가 소리와 어떤 관계가 있는지 磬(경쇠 경) 자를 통해 알아보자.

磬
경쇠 경

네가 아직 배우지 않은 글자인데, 옛날에는 옥이나 돌을 납작하게 잘라 두들겨 소리를 내는 악기가 있었어. 이 악기를 磬(경쇠 경)이라고 했어. 손에 채를 잡고 돌판 악기를 두드리는 모양이야. 옥구슬 굴러가듯 아주 아름다운 소리를 냈겠지. 그런데 글자의 아랫 부분에 있던 石(돌 석) 자를 빼 버린 거야. 두 자를 합칠 때 조금 덜 중요한 부분은 생략해서 쓰기 편하게 만들기도 했거든. 石이 있던 자리에 耳를 넣어 聲(소리 성) 자를 만들었어.

형성은 정말 글자를 쉽게 만드는 방법 아니니? 형성은 옛날 사람들이 하던 말을 문자와 결합시킨 최고의 방법이었어. 이제 '말'만 있으면 문자는 얼마든지 만들 수 있게 되었고 그림 문자이던 한자가 소리를 나타내는 성격도 띠게 되었어. 이로 인해 한자는 옛날의 말을 기록한 것이 되어 수천 년이 지난 오늘날까지 이어져 오게 되었단다.

64개의 금속 종으로 이루어진 중국의 전통 악기. 채로 종을 두드려 여러 높이와 음색의 종소리를 낸다.

일곱 번째 편지

아람아, 오늘은 입에 대한 이야기를 할 거야.

입은 얼굴에 있는 여러 기관 가운데 가장 많은 일을 한단다.

눈은 보고, 귀는 듣고, 코는 숨을 쉬지만 입은 먹고 말하고 숨도 쉬니까

세 가지 일을 하는 만큼 무척 중요한 기관이야.

口(입 구)는 입의 모양을 본떠 만들었다고 했지?

아주 옛날에는 언어가 단순해서

입과 관계된 글자가 많지 않았어.

그러다 후대로 내려오면서 먹고, 말하고, 숨쉬는 일과

관계 있는 말들이 무척 많아졌는데,

이런 글자들은 모두 口를 붙여 만들었어.

口가 낳은 자

청동 호랑이. 동진 시대. 머리를 쳐들고 입을 벌리고 눈을 부릅뜬 호랑이의 모습을 표현했다.
꼬리를 바짝 올리고 몸은 납작 엎드린 호랑이 모양을 섬세하고 정교하게 표현해 놓았다.

맡을 사

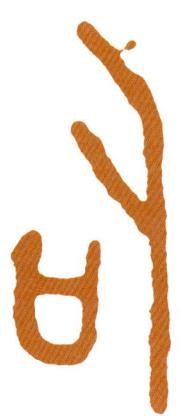

먼저 먹는 일부터 보자. '먹는다'라는 말은 그릇을 그려 食(먹을 식)이라고 했다는 것, 앞의 편지에서 배웠지? 그 밖에 '밥을 먹는다'라는 말에는 숟가락(匕)과 입(口)을 합해 만든 司(사) 자가 있어. 먹는다는 데서 의미를 끌어 와 '신에게 음식을 드린다'라는 뜻으로 빌려 쓰다가 아예 신에게 제사 지내는 '사당'이란 뜻도 생겼어. 그런데 '먹는다'인지 '사당'인지 구별이 안 되니까 사당이라는 말에는 '示'를 붙여 祠(사당 사)라고 했지. 옛날 사당에서 제사할 때는 음식 관리가 아주 중요했거든. 그래서 司는 음식이나 제사를 관장한다는 뜻의 '맡을 사'라고도 한 거야. 한 글자에 한 가지 뜻만 있으면 얼마나 좋겠니? 그런데 할 말은 많아지고 글자 만들기는 쉽지 않으니까 한 글자로 여러 가지 의미를 나타낼 수밖에 없었지.

아닐 미

제사나 잔치 때는 많은 음식을 만들잖니? 이런 음식의 맛을 '미'라고 부르고 未라고 썼단다. 어머니들이 시장 가서 야채를 살 때 잎이 무성한 것을 사거든. 그래서 木에 잎을 많이 그려 맛있다는 未(미) 자를 만든 거지. 그런데 '아니다'라는 말도 '미'라고 했거든. 이 글자를 만들기 어려우니까 음이 같은 未를 빌려 가서 '아닐 미'가 되어 버린 거야.

맛 미

그러면 '맛'이란 말은 어떻게 됐을까? 맛보는 일은 입이 하니까 口 자를 붙여 味(맛 미) 자가 탄생한 거야. 앞에서 설명했지만 여동생 妹(매)에도 未 자를 넣었잖니? 다시 말하지만 옛날 사람들은 음을 나타내는 글자를 뽑을 때 가능한 한 그 글자와 연관이 있고 좋은 뜻을 가진 글자를 골랐단다.

아니 불

'아니다'라는 말은 未 자 이외에도 꽃받침 모양을 그린 不 자를 빌려 썼어. 꽃받침 모양인 不 자를 '아니다'라는 말이 빌려 가 버려 '아니 불'이 되었어.

머금을 함

옛날 사람들은 입에 무언가를 머금고 있다는 말을 '함'이라고 했어. '포함하다'라고 할 때 쓰는 말이지. 이 글자를 만들 때 사람들은 물론 입과 관계가 있으니 口를 뽑고, 자신들이 쓰는 말인 '함'과 음을 같게 하려고 今(금) 자를 합쳤어. '금'과 '함'의 음이 비슷해서야. 그렇게 해서 含(머금을 함) 자로 만들었단다.

이제 금

今 자는 방울 달린 종을 그린 모양이야. 옛날 관청에서 명령을 내릴 때는 종을 쳐서 사람들을 모아 놓고 말을 했단다. 그래서 종 모양으로 '지금'이라는 뜻의 今(이제 금) 자를 만들었거든. 含(머금을 함) 자에서 今은 소리를 표시하는 역할을 해. 그러니 형성자인 거지. '오늘'을 한자어로 '今日(금일)'이라고 하는데 바로 이 글자를 쓰고 있어.

삼킬 탄

또 사람들이 음식을 삼키면 '탄', 토해 내는 것은 '토'라고 했단다. '呑(삼킬 탄)'은 口(입 구)와 天(하늘 천)을 합쳐 만든 거야. 입으로 삼키니까 口를 쓰고 天은 소리를 나타낸 거지. '천'과 '탄'은 'ㄴ' 받침 있는 것이 비슷하잖니?

토할 토

그리고 입을 뜻하는 口와 토한다는 말과 같은 소리가 나는 土(흙 토)를 합쳐 吐(토할 토)를 만들었어. 우리말에서도 토할 때 '토'라고 하니까 쉽게 이해되지? 이렇게 두 자를 합쳐 뜻과 소리를 나타내는 것이 토하는 모습을 그림으로 그리는 것보다 훨씬 쉬울 것 같지?

부를 호

그러나 이치에 맞게 만들어야 했으니까 어려움은 있었어. 먼저 소리에 따라 글자를 골랐으니까 그림으로 표현하기보다는 쉬웠을 거야. 가령 숨을 내쉬면 '호'라고 하고 들이쉬면 '흡'이라고 했단다. 숨을 내쉰다는 호는 口와 乎(온 호)를 합쳐 만들어 썼지. 그런데 이 글자에는 '부르다'는 뜻도 있었어. 그러다가 지금은 '부를 호'로 더 많이 쓰이지. 乎 자는 갑골문을 살펴보면 원래 '부르다', '명령하다'라는 뜻이었거든. 그러다 누군가를 부를 때는 입으로 부르니까 口를 붙여 呼(부를 호) 자라고 한 거야.

吸 숨 들이쉴 흡

口와 及을 합쳐 吸(숨 들이쉴 흡) 자를 만들었단다. 及은 미칠 급 자인데 여기서는 흡의 소리를 나타내 주기 위해 쓰인 거야. 그러니까 이 글자도 형성자란다.

召 부를 소

呼가 큰 소리로 부르는 것이라면 '조용히 부르다'라는 말에는 召(부를 소) 자가 있어. 이 글자는 원래 두 손(𠂇𠂇)으로 국자(匕)를 들고 항아리(酉) 속의 술을 뜨는 모양이야. 갑골문을 보면 너무 복잡해서 국자(匕)와 술 먹는 입(口)만 간단히 그리기로 했지. 정답게 친구를 불러 술을 마시는 광경이 그려지지? 그래서 '부를 소'가 되었어. 훗날 사람들이 匕를 刀로 잘못 봐서 召 자가 되었단다.

古
옛 고

아주 옛날을 뜻하는 글자로 古(옛 고) 자가 있는데 이 글자는 十(열 십)과 口로 나눌 수 있어. 아람이 너 외할머니가 들려 주셨던 옛날이야기 생각나니? 외할머니는 또 외할머니의 외할머니에게서 들었다는 이야기들 말이야. 입에서 입으로 열 번 정도 지나면 벌써 옛날이 되지 않겠니? 그래서 입(口)과 열(十)을 합해 '옛날'이라는 뜻의 古를 만든 거야.

名
이름 명

더 재미있는 이야기를 해 줄까? 名(이름 명) 자를 보자. 이 글자는 입(口)과 저녁(夕, 저녁 석)을 합친 거야. 그런데 이름과 저녁은 무슨 관계가 있을까? 옛날 사람들이 이런 글자를 만들 때는 싸움이 잦았어. 낮에는 아군 적군을 쉽게 구별할 수 있지만 저녁에는 구별하기가 힘드니까 암호를 물어야 했어. 저녁에 자기가 입을 열어 자신을 밝힌다는 데서 名 자가 탄생한 거란다.

물을 문

방금 '묻는다'라는 말을 했지? 중국 사람들은 '묻다'를 '문'이라고 했어. 앞에서 聞(들을 문) 자를 배웠는데 이와 비슷해. 그래서 한 글자를 배우면 쉽게 다른 글자를 깨우치게 된단다. 입으로 물으니까 口 자를 뽑고, '문'이라고 발음하니까 음이 비슷한 門 자를 뽑았는데, 門의 가운데가 비어 있으니까 그 속에 쏙 집어넣어 問(물을 문) 자를 만든 거야.

점 점

그런데 아람아, 너는 모르는 게 있으면 누구에게 물어보니? 집에서는 부모님에게, 학교에서는 선생님에게 물어보겠지? 옛날 사람들은 모르는 것이 있으면 하늘이나 귀신에게 점을 쳐서 물어보았단다. 占(점 점) 자는 卜(점 복) 자와 口 자를 합친 자야. 우리가 지금 보고 있는 갑골문은 상나라 사람들이 신에게 점쳐 물었던 내용을 적어 놓은 거야. 뼈 뒤쪽에 구멍을 판 뒤 신에게 궁금한 것을 물으면서 불로 구멍을 지지면 '푹' 하고 소리가 나면서 앞면에 卜 자 모양으로 갈라져. 왕은 그 갈라진 모양을 보고 좋은 일이 생길지 나쁜 일인지 생길지를 판단했단다.

옛날 왕들은 나라를 잘 다스리기 위해 신에게 온갖 것을 다 물었어. 후대로 오면서 점치는 것으로는 문제를 제대로 해결할 수 없다는 것을 알고 점차 힘을 기르게 되었지.

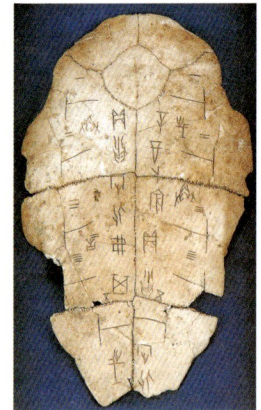
거북이 등딱지에 새겨진 갑골문

아람아, 口가 낳은 글자는 너무 많아 다 이야기할 수가 없구나. 몇 자만 더 배우자.

상나라 상

먼저 商(상나라 상) 자를 보자. 3,000여 년 전 이 그림 글자들을 사용하던 상(商)족이 세웠던 나라 이름이야. 이 글자는 당시 지도자들이 사는 도시에 있었던 큰 건축물의 모양이었는데, 이 글자를 자신들의 나라와 종족 이름으로 썼어. 상나라 사람들은 훌륭한 문화를 이루어 청동기도 만들었어. 또 수레에 많은 물건을 싣고 멀리 나가 다른 종족에게 파는 등 장사 수완이 아주 좋았단다. 그래서 사람들은 장사를 잘하는 사람을 '상나라 사람', 즉 상인(商人)이라고 불렀어.

그 뒤로 오늘날까지 商人은 '장사하는 사람'으로 통하게 되었지. 상나라는 550여 년 동안 유지됐는데 후기에는 갑골 문자로 당시의 생활 모습을 아주 생생하게 기록해 놓았단다. 현재 그 중에서 15만 편의 갑골 조각과 5천여 자의 갑골문을 찾아냈단다.

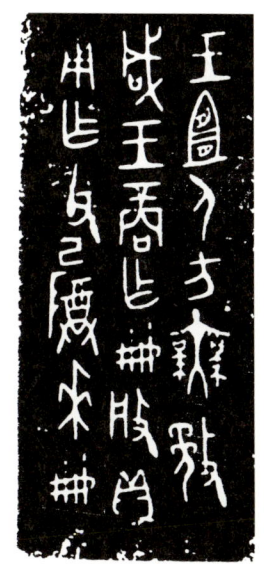

탁본 안에서 商(상나라 상) 자의 원형을 찾을 수 있다.

두루 주

그러다 상나라가 망하고 주(周)나라가 이어졌어. 周(두루 주) 자는 원래 질서 정연한 이랑 사이에 농작물이 자라는 밭의 모양이었어. 그런데 한 임금이 周原(주원)이라는 곳으로 옮겨 터를 잡고 "이곳을 우리 땅으로 삼는다."라고 호령했지. 그래서 입(口)을 덧붙여 周 자를 만든 거야. 나중에는 나라 이름 외에 '두루두루', '골고루'라는 뜻으로 빌려 쓰다가 지금은 두루 周가 되었단다.

화할 화

옛날에는 싸움이 잦아 모두들 평화를 간절히 바랐지. 和(화할 화) 자를 보자. 벼(禾)와 입(口)을 합쳤어. 禾(쌀 벼) 자 배웠지? 다 익은 곡식의 이삭이 늘어진 모양으로, 곡식 중의 곡식인 쌀을 말한단다. '벼는 익을수록 고개를 숙인다.'는 말은 인격이 높은 사람일수록 겸손하다는 것을 비유할 때 쓰여. 이렇게 훌륭한 사람은 말이 온화하여 모두를 화평하게 만든다고 해서 和 자를 만든 거야. 세상이 화평하다는 것은 사람들이 서로서로를 사랑한다는 뜻이야.

기쁠 희

'기쁘다'는 말은 어떻게 만들었을까? 옛날 사람들도 기쁜 일이 있을 때 북 치고 노래 부르면서 축제를 벌였단다. 그래서 '기쁘다'는 북(壴)에다 노래 부르는 입(口)을 합쳐 만들었는데, 바로 喜(기쁠 희) 자란다. 지금도 축제 때 북 치고 노래하잖니? 사람의 감정이란 옛날이나 지금이나 똑같단다.

북 고

鼓(북 고) 자는 원래 멋있게 장식한 북을 받침대 위에 올려놓은 모양인데 점차 손에 채를 든 모양인 支(가를 지)를 합쳤단다. 정말 북을 치는 모양 같지?

슬플 애

'기쁘다'를 알면 '슬프다'가 궁금하지? '슬프다'는 어떻게 나타냈을까? 기쁠 때는 떠들썩하게 보냈는데 슬픈 일은 혼자서 삭이며 가슴에 묻었나 봐. 슬픔도 나누면 가벼워진다는데 말이야. '슬프다'라는 뜻의 글자로 哀(슬플 애) 자가 있는데, 옷(衣, 옷 의)과 입(口)을 합친 거야. 슬픈 마음을 털어놓지 않고 터져 나오는 울음을 옷깃 속에 꼭꼭 숨기며 참아 내는 모양이란다.

울 곡

그래도 울음이 터져 나오면 어떻게 했을까? 울어야지 별수 있겠니? 哭(울 곡) 자는 두 개의 口와 犬(개 견)을 합친 글자지. 두 마리 개가 짖어 대는 것처럼 큰 소리로 운다는 뜻이란다.

짖을 폐

원래 입(口)과 개(犬)를 합친 자로 吠(짖을 폐) 자가 있어. 개 짖는 소리를 나타내는 글자인데, 두 마리가 짖으면 소리가 얼마나 크겠니? 그러니 哭 자는 크게 울부짖는 것을 말해. 그야말로 목 놓아 통곡하는 거야. 중국 사람들은 보통 말을 할 때는 哭 자를 쓰고, 정중하게 글로 쓸 때는 吠 자를 쓴단다.

하품 흠

때때로 사람은 자기도 모르게 입을 크게 벌릴 때가 있단다. 피곤할 때나 졸릴 때 말이야. 아람아, 이 그림 좀 봐. 정말 하품하는 것 같지? 그래서 欠(하품 흠)이라고 한단다.

버금 차

그런데 입을 벌리며 침까지 흘리는 모양도 있지. 바로 次(버금 차) 자인데 침 모양을 점으로 나타냈고 '두 번째'라는 뜻으로 빌려 썼단다. 으뜸이 있고 그것에 비길 수 있는 것을 '버금간다'라고 하지. 아들 중에서도 차남(次男)은 둘째 아들이잖니?

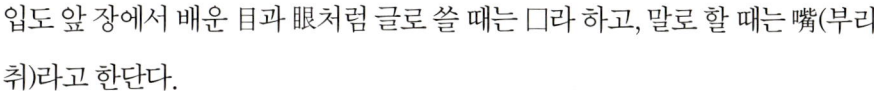

입도 앞 장에서 배운 目과 眼처럼 글로 쓸 때는 口라 하고, 말로 할 때는 嘴(부리 취)라고 한단다.

지금까지 '입'과 관련된 글자를 많이 배웠는데 재미있었니? 옛날 어른들이 "병은 입으로 들어가고, 재앙은 입에서 나온다(病從口入, 禍從口出)."라고 한 것을 보면 입이 얼마나 중요한 기관인지 알겠지?

여덟 번째 편지

아람아, 우리 그 전에 口(입 구) 자를 이용해 만든 글자를 배웠지?

예를 들면 舌(혀 설), 言(말씀 언), 告(알릴 고) 자 말이야.

이들은 모두 입에서 움직이는 혀의 모양을 그린 거야.

그래서 舌, 告, 言 등은 뿌리가 같은 글자들이라고 할 수 있어.

오늘은 이 중에서 '말한다'라는 뜻의

言 자가 만든 글자들을 살펴볼 거야.

言 자는 그림 글자에서 만들어졌지만

이와 관련된 글자들은 후대에 많은 말들이

생겨난 뒤 만들어진 거라 조금 어려워 보일 수도 있어.

하지만 할머니가 우리 아람이를 도와 줄게.

힘내서 할 수 있겠지?

言이 낳은 자

서주 시대에 만들어진 청동으로 만든 사람. 무기의 손잡이 부분에 달린 사람 모양의 장식 중 얼굴 부분이다. 눈이 깊고 목이 길다. 뺨 위에 새겨진 하트 문양은 권위를 나타내는 상징 부호였던 것으로 짐작된다.

셀 계

옛날 사람들은 '계산하다'를 '계'라고 말했고, 적당한 글자를 만들려고 했어. 어떻게 했겠니? 아람아, 너희들이 무슨 놀이를 할 때 하나, 둘, 셋, 넷…… 하고 소리 내어 세기도 하지? 옛날 사람들도 숫자를 셀 때 손가락을 꼽아 가면서 큰 소리로 세었나 봐. 그래서 입으로 소리를 내니까 言을 뽑아 놓고, 숫자를 세니까 十(열 십) 자를 골라 합쳤지. 그렇게 해서 計(셀 계) 자가 만들어진 거야. 옛날 사람들은 숫자 가운데 十을 가장 완성된 숫자라고 생각했단다. 하나, 둘 하고 큰 소리로 숫자 세는 것도 글자 만드는 기초가 되었다니, 정말 재미있지? 일상 생활 모습이 모두 문자 만드는 소재가 된 거야.

바로잡을 정

이번엔 잘못을 바로잡는다는 말을 만들어야겠단 말야. 이 글자 역시 자신들의 생활 속에서 찾았단다. 살다 보면 못을 박아야 할 일이 많지 않았겠니? 못은 조금만 비뚤어져도 곧바로 빼서 다시 박아야 해. 그래서 말씀(言)과 못(丁)을 합쳐 訂(바로잡을 정) 자를 만든 거야. 丁 자는 이 글자의 음을 나타내고 있지. 아람아, 두 글자 중 한 자가 그 글자의 음이 되는 것을 뭐라고 했는지 기억나니? "형성자요." 하는 네 대답이 들리는 듯하구나. 네가 이렇게 한자 원리를 깨우쳐 가는 것을 할아버지께서 아시면 얼마나 기뻐하실까?

훈계할 훈

그래도 할아버지께서 훈계하실 때면 넌 도망가고 싶지? 훈계할 훈 자는 訓이라고 쓴단다. 그런데 왜 川(내 천) 자가 들어 있을까? 훈계는 입으로 하니까 言을 쓰고, 냇물이 졸졸졸 흘러가듯이 사람을 잘 타일러 바른 사람이 되도록 해야 한다는 뜻에서 川 자를 합쳤어. 그리고 '천'은 '훈'과 'ㄴ' 받침이 같아 음도 비슷하니까 '훈'을 나타내기에 알맞은 글자라고 생각한 거야. 어떠니? 이야기를 듣고 보니 그럴 듯하지?

記
기록할 기

어른들의 좋은 말씀은 잘 기록해서 두고두고 참고해야지. '기록하다'는 말은 '기'라고 하는데 말씀을 적으니까 言을 쓰고, '기'와 음이 같은 己(몸 기)를 합쳐 記(기록할 기)라고 했어. 기억(記憶), 기념(記念), 기자(記者) 등에 이 글자를 쓴단다.

토론할 토

이제 '토론하다'는 뜻의 글자를 알아 볼까? 討(토론할 토) 자는 言과 寸(마디 촌) 자를 합쳤지. 왜 寸을 썼는지 알겠니? 손목 밑 一寸(일촌) 지점에 맥이 뛰는 부위를 寸이라고 해. 寸은 길이를 재는 단위인데 법도라는 뜻이 있어. 토론할 때는 이치에 맞아야 하고 법도에 어긋남이 없어야 한다는 뜻에서 寸을 쓴 거야. 이제 '말'도, '마디'도 아닌 '토론'이라는 새로운 의미의 회의자가 탄생한 거야. 상형 문자와는 달리 글자들을 합쳐 새로운 글자를 만들면 여러 가지 글자를 만들 수 있어서 좋기는 했지만, 말과 뜻이 같거나 음을 비슷하게 하면서도 이치에 맞는 글자를 골라 썼기 때문에 그렇게 쉽지만은 않았어.

말씀 어

하지만 말이 많아지니까 글자도 늘어나야 되지 않겠니? 말은 원래 言이라고 했지만 한 글자로는 의미 전달이 확실하지 않으니까 語(말씀 어) 자를 하나 더 붙여 言語(언어)라고 했어. 語 자는 言과 吾(나 오) 자를 합쳤단다. 말할 때나 자신의 의사를 분명하게 해야 한다는 뜻에서 붙인 거야.

주석 주

자세한 설명을 들으니 이제 이해가 되니? 이렇게 자세한 설명을 붙이는 것을 '주(註)를 단다.'라고 한단다. 註(주석 주) 자는 말씀(言)에다 촛대(主)를 합쳤구나. 너도 짐작이 가지? 촛대인 主를 뽑은 것은 횃불을 밝게 비추듯 시원하게 설명해 주어야 한다는 뜻에서란다.

아람아, 言 자가 만든 글자는 많지만 言 자의 획수가 7획이나 되다 보니 글자가 너무 어려워지는구나. 아람이가 좀더 크면 더 배우기로 하고 이제 그만 줄여야겠다.

마지막으로 기분을 바꾸기 위해 할머니가 시(詩) 한 수 읊어 줄게. 당나라 시인 이백이 고향을 그리며 지은 시란다.

靜夜思 (정야사)
牀前明月光 (상전명월광)
疑是地上霜 (의시지상상).
擧頭望明月 (거두망명월)
低頭思故鄕 (저두사고향)

평상 앞에 달빛이 비쳐 밝으니
땅 위에 내린 서린가 여겨지네.
머리 들어 산 위의 밝은 달을 바라보다
머릴 숙여 고향을 생각하네.

머리 속에 아름다운 한 폭의 그림이 그려지지 않니? 아람이도 열심히 한자를 익히면 나중에는 이런 시도 척척 짓고 읊는 멋진 사람이 될 수 있을 거야.

시 시

詩(시 시) 자는 言에다 寺(절 사) 자를 음으로 해서 합쳤어. 寺 자는 止와 寸을 합쳤는데 원래 관리들이 일을 보는 '조정'이란 뜻이었지. 관리들이 일을 할 때는 법도에 따라야 하니까 寸(마디 촌)을 뽑고 바른길로 가야 하니까 위에다 止(발 지) 자를 합쳤는데, 止가 土로 변해 寺 자가 된 거야. 그러다가 나중에는 불국사(佛國寺), 내장사(內藏寺) 같은 절을 가리키게 되었단다.

관리들이 조정에서 일할 때 백성들에게 나라의 뜻을 바르게 전해야 하니까 詩 자에 寺를 소리로 삼은 거야. 옛날에는 詩로 정치적인 뜻을 전하기도 했으니까. 詩로 정치를 했다는 말이 이해가 안 가지? 그럴 거야. 시와 정치가 무슨 연관이 있는지 언뜻 이해하기 어렵지.

가령 이방원이 "이런들 어떠하며 저런들 어떠하리." 하며 새로운 나라를 세우자고 권유했을 때, 정몽주가 "이 몸이 죽고 죽어 일백 번 고쳐 죽어…… 임 향한 일편 단심이야 가실 줄이 있으랴." 이렇게 시를 읊어서 임금에 대한 충성심을 나타냈잖니? 이같이 자신의 신념을 詩로 밝혔던 거란다.

〈청금도〉. 옛날 사람들은 거문고 소리를 함께 들으며 흥을 돋우기도 하고, 시를 읊어 서로의 생각을 나누기도 했다.

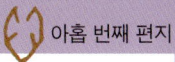 아홉 번째 편지

오늘은 할머니가 아람이에게 心 자가 만들어 낸 글자를 이야기해야지 하고
생각하면서 버스 정류장으로 걸어가는데, 네 또래 학생 몇 명이 오는 거야.
할머니가 학생들에게 말을 걸었지.
"얘들아, 이 세상에서 가장 아름다운 게 뭐라고 생각하니?"
아이들은 놀란 듯이 나를 보았지.
그러다가 한 녀석이 불쑥 한마디 내뱉었어.
"정희요."
다른 아이들은 배를 잡고 까르르 웃으며 달아나는 거야.
"정희가 누군데?"
그러자 달아나던 한 아이가 고개를 돌려 큰 소리로 외쳤어.
"애 짝이에요."
그래, 네가 정희를 좋아하는구나…….
할머니는 빙그레 웃고 말았단다.
아람이도 누구를 좋아해 본 적이 있지?

心이 낳은 자

〈관음보살입상〉. 위나라 때 석조상. 돌로 만든 불상이라는 생각이 들지 않을 만큼
부드럽고 단아한 아름다움을 뽐내고 있다.

 마음 심

心(마음 심)은 심장 모양을 그린 글자란다. 갑골문이 처음 만들어질 때, 그 당시의 사람들은 생각이 비교적 단순해서 마음에서 일어나는 변화, 예를 들어 슬픔이라든지 분노 같은 세세한 감정을 표현하는 글자를 미처 만들지 못했어. 이런 글자들은 후대에 내려오면서 점차 만들어지게 되었는데 이때 모두 씨앗 글자인 心 자를 넣어 만든 거야.

 받을 수

그럼 옛날 사람들은 '주다'라는 글자를 어떻게 만들었는지 알아보자. 먼저 너에게 受(받을 수) 자를 설명해야겠다. 受는 두 사람이 물건을 잡고 위아래에서 서로 주고받는 모양이야. 이 글자로 '주다', '받다' 모두를 나타냈어.

 줄 수

그러면 헷갈리지 않겠니? 그래서 사람들은 '주다'에는 손(手)을 하나 더 붙여 授(줄 수) 자를 만들었고 受는 '받다'라는 뜻으로만 썼어.

사랑 애

따스한 마음을 전할 때 "사랑해요"라는 말을 많이 쓰더구나. 말로는 마음을 다 표현하기 부족해 손으로 하트를 만들어 날리기도 하지. 사랑하는 마음을 어떻게 글자로 표현했을까? 愛 자에서 가장 강조하는 것은 발을 나타내는 아래쪽의 夊(뒤져서 올 치) 자 란다. 누군가를 좋아하는 마음(心)을 품고 그 언저리를 배회하는 모양을 나타낸 글자지. 발길을 돌리지 못하고 그 사람 주위를 배회하는 마음을 헤아려 '사랑한다'라는 뜻이 되었어. '오가며 그 집 앞으로 지나노라면 그리워 나도 몰래 발이 머문다'는 노래는 '사랑'을 잘 표현한 것 같구나.

슬플 비

喜(기쁠 희) 자는 사람들이 북을 치면서 기쁨을 노래한 것을 그대로 나타냈다고 했지? 너도 기쁜 일이 있을 때 피아노 치면서 노래 부르잖아. 그러면 슬플 때는 어떻게 했을까? 눈물만 흘릴까? 참, 앞에서 입을 가슴에 묻고 슬픔을 참는 모양이 哀라고 했잖아? 이것 말고도 '슬프다'를 '비'라고 했어. 그리고 悲(슬플 비)라고 썼지.

이 글자가 어떻게 해서 만들어졌는지 앞에서 배운 형성자 원리로 함께 생각해 보자. 悲는 非(아닐 비)와 心(마음 심)이 합쳐진 글자야.

처음에는 哀(슬플 애)만으로도 슬픔을 나타냈을 거야. 그런데 '애'라는 말이 많아졌어. 예를 들면 사랑한다는 말도 '애(愛)'잖아? 그러니까 한 글자만으로는 의미를 정확하게 전달하지 못하게 되었어. '비'도 마찬가지야. 슬플 때 '비(悲)'라고 했는데 왕비도 '비(妃)'잖니? 한 글자로 말하다 보니 비슷한 말이 많아 구별하기 어려워져 두 자로 만들게 되었단다. 그래서 큰 슬픔을 '비애(悲哀)'라고 하니까 의미가 확실하게 전달된 거지.

아닐 비

非 자는 새가 양쪽 날개를 펄럭이는 모양이야. 처음에는 날개가 양쪽으로 뻗어나가 '위배하다'라는 뜻이었단다. 위배한다는 뜻에서 다시 '아니다'라는 의미로 확대되었어.

성낼 노

아람아! 만약에 네가 누굴 아주 좋아하는데 그 사람은 아람이를 싫어한다면 어떻겠니? 음…… 속상하고 화도 나겠지? 怒(성낼 노) 자는 心에다 奴(노예 노) 자를 합한 거야. 그러면 '노'라고 발음하는 글자 가운데 왜 이 글자를 택했을까? 노예들은 억울하게 끌려와 강제로 일만 하니까 왜 화가 나지 않겠니? 이렇게 옛날 사람들은 마음에서 일어나는 감정 하나 하나를 생각하며 문자를 만들었던 거야.

그러면서 '생각하다'라는 글자를 많이 만들었어. 念(생각 념), 思(생각할 사), 想(생각할 상) 등은 모두 '생각하다'라는 뜻이란다. 모두 마음(心)이 들어 있지?

생각 념

그럼 먼저 念(생각 념)에 대해 알아보도록 하자. 아람아, 왜 이 글자가 '생각하다'라는 뜻일까? 위에 있는 今 자는 원래 종을 그려 놓은 모양이라고 했지. 발음이 '금'이니까 '념' 하고는 'ㅁ'이 비슷했고, 마음속에 '지금' 생각하고 있으니까 뜻도 연결되는 거야.

'생각'을 뜻하는 또 다른 글자로 思(생각 사)가 있어. 위에는 田자가 있구나. 하지만 이 글자 모양은 원래 '밭 전' 자가 아니라 정수리에 있는 볼록볼록한 숨골 모양(囟)이야. 나중에 쓰기 편하게 田 자로 바뀌었어.

이 글자는 머리에서 가슴속까지 뭔가를 생각한다는 뜻을 담고 있어. 다시 말해 온몸으로 생각한다는 뜻이지.

또 하나는 想(생각 상) 자야. 이 자는 相과 心을 합쳤어. 相 자는 木과 目을 합쳤는데 나무 위에 올라가 본다는 뜻의 글자야. 나중에 '서로'라는 뜻으로 쓰이게 되었고 그래서 서로를 생각한다는 뜻이 담겨 있어.

'생각하다'라는 뜻도 처음에는 '思' 하나만으로 뜻을 전할 수 있었는데 차츰 '사'라는 말이 많아져 구별하기 힘드니까 思想(사상)이라고 두 자를 붙여 말하게 되었단다. 그런데 너에게 '사상'이란 말은 너무 어려울 것 같구나. 하지만 사상이란 건 '생각'이란 말과 같아. '사상가'란 '생각하는 사람'이잖니. 아람이도 한 가지 문제를 열심히 생각하면 사상가가 될 수 있어. 만약 나라의 안녕을 마음속 깊이 생각한다면 애국자 아니겠니?

충성 충

애국자는 나라를 사랑하는 사람으로 나라를 위해 목숨을 바칠 수도 있는 충성심이 있어야 해. '충성'의 충은 忠이라고 쓰는데 이 글자는 中(가운데 중)과 心을 합쳤어. '중'은 '충'과 발음이 비슷하고, 어느 쪽에 치우침이 없어야 한다는 의미가 담겨 있어. 충성이란 글자에 넣기에 꼭 알맞지.

감동할 감

한자에 이런 깊은 의미가 담겨 있다는 것은 정말 감동적이지? 점점 감동스러운 일이 많아지자 옛날 사람들은 감동이란 말의 '감' 자를 만들고 싶었어. 곰곰이 생각해 보니까 감동은 마음에서 일어나는 거야. 그래서 心을 뽑고 '감'과 비슷한 발음인 咸(모두 함) 자를 뽑았어. '함'과 '감'은 'ㅁ' 받침이 비슷해서 끌어 온 거야. 아울러 무기를 보고 압도되어 감히 소리를 못 내잖아. 그러니까 뜻으로도 비슷한 점이 있는 거야. 우리도 너무 감격스러우면 오히려 말문이 막히니까.

悶
번민할 민

그런데 만일 걱정거리가 생기면 가슴이 답답할 거야. 이런 마음을 '민'이라고 했어. 볼 수도 없고 만질 수도 없는 답답함을 어떻게 표현했을까? 생각이 안 떠오르면 정말 답답하겠지? 할머니도 얼마 전 독감에 걸려 며칠 동안 방 안에만 있었는데 무척 답답했어. 옛날 사람들도 '집 안'에 갇혀 있을 때를 아주 답답하게 여겼겠지. 그리고 고민이 있으면 아무것도 하기 싫지. 그래서 心(마음 심)을 門(문 문) 속에 넣어 悶(번민할 민) 자를 만든 거야.

옛날 사람들도 우리와 생각이 똑같았어. 그러니까 이런 글자를 보고 우리도 고개를 끄덕일 수밖에 없지. 한자는 옛날 사람들이 살아가며 겪었던 일, 느꼈던 감정을 그대로 그려 낸 거야. 옛날 사람들의 생활 기록이라 할 수 있지.

지금까지 두 글자를 합쳐 새로운 글자를 만드는 방법을 배웠는데 결합하는 방법도 여러 가지가 있다는 걸 알 수 있어. 休 자는 좌우로 합쳤고, 息 자는 상하로 합쳤으며, 悶 자는 안팎으로 합쳤지. 이런 방법은 글자 모양이 너무 길거나 넓지 않게, 알맞은 모양을 가질 수 있도록 만들어 주었단다.

이제 한자의 뜻은 물론 구조에 대해서도 이해할 수 있는 힘이 생겼지?

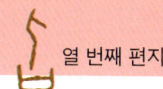 열 번째 편지

아람아, 양손을 활짝 펴 봐. 손가락이 10개, 손가락 하나에 마디가 3개씩, 엄지손가락은 마디가 2개, 손목까지 치면 손에 모두 30개의 마디가 있잖니. 이렇게 잘 발달된 손 덕택에 모든 생명체 가운데 사람만이 문명을 일구어 낼 수 있었지. 손이 참 고맙지 않니? 오늘은 손의 비밀을 캐내어 보자.

먼저 앞 책에서 손가락 다섯 개가 있는 손(手), 오른손인 又와 右, 왼손인 左 등을 배웠지?

손은 정말 많은 글자를 만들어 냈어.

밥을 먹을 때도, 글씨를 쓸 때도, 물건을 잡을 때도, 또 맛있는 요리를 할 때도 손이 반드시 필요하잖아.

정말 손이 없다면 아무것도 할 수 없을 거야.

이렇듯 손은 세상을 깨우쳐 나가게 한 열쇠였어.

그럼 손이 탄생시킨 글자들을 보기로 하자.

手가 낳은 자

〈시금강불상〉. 서하 시대의 불교 작품. 비단에 풀을 먹이고 문질러서 매끈하게 만든 다음 그 위에 그림을 그렸다. 가운데 중심에 있는 불상 시금강이 두 개의 몸으로 그려져 있다.

아람아, '부모 팔아 친구 산다.'는 옛말이 있어. '어려울 때 친구가 진짜 친구다.'라는 속담도 알고 있지? 그만큼 친구가 좋다는 뜻인데, 친구를 '우'라고 했어. 아람이가 한자를 만든다면 친구를 어떻게 나타냈을까?

도울 우

할머니가 지금까지 가르쳐 준 걸 잘 생각해 보렴. 친구는 사람이니까 人(사람 인)을 넣고, 친구를 '우'라고 하니까 '우' 소리가 나는 右(오른쪽 우)를 붙여 '佑'라고 하지 않았을까? 그렇게 했다 해도 너무 기뻐서 너를 꼭 안아 주었을 거야. 佑 자가 비록 친구라는 말은 아니지만 네가 한자의 이치를 깨우친 것 같아서 참 기쁠 거야.

佑(도울 우) 자는 아주 멋있는 글자야. 지난번 人에 대해서 배울 때, 人에서 만들어진 글자가 너무 많아 배우지 못했지? 右는 오른손이지? 그래서 人과 右를 합쳐 '돕는다'는 뜻의 글자를 만들었어.

도울 좌

그러면 왼손은 도울 수 없을까? 물론 도울 수 있지. 亻(사람 인)과 왼손인 𠂇를 합쳐도 '돕다'라는 뜻이야. 그래서 佐(도울 좌)가 된단다. 이것 말고도 사람과 손을 합쳐 만든 글자들은 많아. 가령 '건네주다'라는 말을 만들 때도 사람과 손을 합쳤단다.

줄 부

그럼, '도와 주다'와 헷갈리면 어떻게 하냐고? 방법이 있지. 손에는 마디 촌(寸)도 있잖니? 亻(사람 인)과 寸을 합쳐 '건네주다'라는 뜻의 付(줄 부) 자를 만들었어. 그러니까 사람들이 쓰던 말이 아주 중요해. 말이 있으면 어떻게든 글자를 만들었으니까.

아람아, 佑와 佐를 자세히 보렴. 왼쪽의 글자는 뜻을 나타냈고, 오른쪽의 글자는 음을 나타냈어. 그렇지? 그래서 "형성자 중의 음은 의미도 겸한다."라는 말이 있단다.

友
벗 우

'친구'라는 글자를 만들려다 여기까지 왔구나. 친구는 두 손을 합친 거야. 한 사람의 양손이 아니라 너의 한 손과 나의 한 손이야. 그러니까 두 사람이 손을 맞잡은, 다시 말해 악수하는 모양이지. 그것이 友(벗 우) 자란다.

악수를 한다는 것은 서로 좋은 친구가 된다는 뜻 아니겠니? 그러면 두 손이 나란히 있는 것은 어떠했을까? 옛날 사람들이 그냥 두었겠어? 又(또 우) 자를 두 개 합쳐 双(쌍 쌍)이라고 해.

爭
다툴 쟁

아람아, 조금 앞에서 受 자 배웠지? 물건을 주고받는다는 글자 말이야. 受 자와 여기에 쓴 爭 자를 비교해 봐. 비슷하면서도 뭔가 좀 달라 보이지? 受 자란 순순히 주고받는 모양인데 이 글자는 좀 사나워 보이지 않니? 두 손이 무언가를 채 가는 듯한 모양이야. 얌전하게 있으면 좋은데 한쪽이 잡아끌면 싸움이 되잖니. 그래서 다툴 爭 자란다. 너 지난번 비 올 때 서로 새 우산을 가지려고 동생하고 잡아끌었지? 바로 그런 모습이야. 옛날 사람들은 끝없이 싸우면서 세상을 발전시켜 나갔어. 그래서 한자 속에는 전쟁과 관련된 이야기들이 많아. 서로 빼앗으며 싸우는 爭(다툴 쟁)이 있는가 하면 온몸으로 싸우는 일도 있었어.

투쟁 투

가령 '투쟁'이라고 할 때 투는 鬪라고 쓰는데 두 사람이 마주 서서 양손을 뻗어 때리는 모양이야. 권투하듯이 말이야. 이들 두 자를 합치면 '투쟁(鬪爭)'이야.

취할 취

옛날 사람들은 '취하다'는 말을 '취'라고 했는데 어떻게 글자를 만들어야 할지 생각했어. 그러다가 당시에는 싸움에서 승리의 징표로 적군의 귀를 잘라 오는 관습이 있었는데 그것과 연관을 지었어. 한 손으로 적의 귀를 잡고 한 손으로 잘라 오기 때문에 耳와 又를 합쳐 取(취할 취) 자를 만들었단다. 큰 전쟁에서는 적장의 머리를 잘라 오기도 했지만.

타당할 타

또 '타당하다'라는 말을 '타'라고 했어. 어떻게 표현할지 궁리하다가 좋은 생각이 떠올랐어. 전쟁에서 이기면 적군을 잡아 오는데 남성들은 반항하니까 묶어 왔지만 여성들은 양순해서 손으로 끌고 왔나 봐. 그래서 손으로 여성을 끌고 와 앉힌 모양으로 '그렇게 해도 된다'라는 뜻의 妥(타당할 타) 자를 만들었어. 取나 妥에는 가슴 아픈 사연이 숨어 있지?

할 위

이번에는 코끼리가 사람을 도와 주는 신나는
이야기를 할게. 옛날 사람들은 '무슨 일을
한다'라는 말을 '위'라고 하면서 '爲'라는
글자를 만들어 냈어. 이 글자는 사람이 손(又)으로 코끼리를
끌고 있는 모양이야. 당시 사람들은 힘이 많이 드는 일에
코끼리를 부렸던 거야. 〈정글북〉에서 코끼리가 일하는 거 봤지?
옛날에는 코끼리가 전쟁에도 쓰였어. 코끼리 꼬리에 불을 달아 적진으로
몰아치면 바로 탱크지 뭐. 하지만 차츰 날씨가 추워지면서 코끼리들은 남쪽
나라로 옮겨 가게 되었지. 그래서 중국에서는 더 이상 볼 수 없는 상상의 동물이
되었어. 그 후, 코끼리 상(象) 자는 '상상(想像)하다'라는 말에 쓰이기도 한단다.

육지 동물 중 가장 크고 무거운
동물인 코끼리지만 성격이
온순하여 사람들에게
길들여졌다. 예로부터 운송 수단
등으로 사용되어 사람들의
수고를 덜어 주었다.

쏠 사

옛날에 전쟁이나 사냥에 쓰인 좋은 무기로는 활이 있었어. 아주 멀리까지 쏘아 맞힐 수 있었으니까. 한자 가운데 '쏘다'라는 뜻을 가진 글자는 射 자야. 몸 신(身)과 마디 촌(寸)을 합친 글자지. 사람들은 왜 '쏘다'에 身과 寸을 합쳤을까 하고 이상하게 여겼어. 그러나 달리 밝힐 방법이 없었지. 갑골문이 발견된 뒤에 보니까 활에다 화살을 그려 놓은 모양이었는데 후세 사람들이 弓(활 궁) 자를 身 자로 잘못 보았고 나중에 寸 자를 더했어. 갑골문은 잘못 전해진 글자들을 바로잡게 해 주었단다. 하지만 모두 射로 알고 있으니까, 다만 身이 弓 자 대신 잘못 쓰였다는 것만 알고 있으면 돼. 언어나 문자는 서로 간의 약속이니까.

때릴 타

手 자가 만들어진 뒤로 손으로 하는 여러 가지 동작을 나타내는 문자를 쉽게 만들 수 있었어. 가령 '때리다'라는 글자를 만들어야 했어. 어떻게 했을까? 회초리를 그렸을까? 생각해 보면 일상 생활에서 가장 마음 편하게 힘껏 두드릴 때는 못 박을 때 아니겠니? 그래서 손(手)에 못 정(丁)을 합쳤어. 手는 다른 글자와 함께 쓸 때는 '扌'로 쓰는 것 배웠지? 그렇게 打(때릴 타) 자를 만든 거야. 정말 그럴듯하지. 옛날 사람들의 생각은 깊고도 명쾌하구나.

주먹 권

다섯 손가락의 모양을 手(손 수) 자로 나타냈다는 건 알고 있지? 그렇다면 주먹은 어떻게 표현했을까? 주먹은 '권'이라고 했고 拳이라고 썼어. 주먹은 손이니 手를 뽑고, 손을 구부린다는 '권(关)' 자를 소리로 따서 手 자 위에 얹은 거야.

손바닥 장

주먹을 쫙 펴면 掌(손바닥 장) 자란다. 손바닥을 '장'이라고 불렀거든. 그래서 음이 비슷한 尙(숭상할 상) 자를 소리 글자로 써서 手 위에 붙였어.

숭상할 상

尙(숭상할 숭) 자는 창문 위로 공기가 쭉 빠져 나간다는 뜻이야. 그래서 창문인 向(향할 향) 자 위에 점 두 개를 찍어 '높이다', '숭상하다'라는 뜻의 글자를 만들었어. 옛날 사람들은 손을 아주 소중하게 여겨 손바닥 '掌' 자에 좋은 뜻이 있는 尙(상) 자를 음으로 붙여 준 것이지. 손의 여기저기에는 이름을 붙였는데 손가락은 '지(指)'라고 했단다.

손가락 지

손가락은 볼 수 있으니까 혹시 그림으로 그려 나타내지 않았을까? 하지만 손가락 다섯 개를 그린 것이 手(손 수)였잖아. 한 글자로 쓸 때는 手이고 다른 자와 합칠 때는 扌(손 수 변)이라고 쓴다고 했지? 그래서 扌에다 '지'라는 소리가 나는 旨를 합쳤어.

뜻 지

旨는 匕(비)에 日(왈) 자를 합친 것 같지만 사실은 日이 아니라 甘(달 감) 자가 변한 거야. 거기에다 匕(숟가락 비) 자를 합친 자로, '맛있는 것을 숟가락으로 뜬다.'는 뜻인데 나중에 旨(뜻 지)로 바뀌었어. 指(손가락 지)는 좋은 것을 많이 가리키라는 뜻이 숨어 있겠지.

아람아, 손(手)으로 너무 많은 글자를 만들어서 일일이 다 설명할 수가 없구나. 이제 扌, 又, 寸 등이 들어 있는 한자를 보면 '손과 관계 있는 글자구나.' 하고 생각할 수 있겠지? 몇 자만 더 배우고 손(手)이 낳은 자를 끝내자. 끝낸다니 신나지? 신날 때는 손뼉을 친단다. 그렇지, '손뼉 치다'는 한자어로 '박'이라고 했어. '칠 박'은 어떻게 만들었을까?

칠 박

'박수 치다'의 '박'은 拍이라고 했어. 白 자는 '흰 백'이라고 하거든. 손을 나타내는 手와 소리를 나타내는 白이 만나 만들어진 글자야. 白이라는 글자는 족장의 수려한 얼굴을 떠올려 만든 글자라고 해. 왜 우두머리들은 얼굴이 훤해 보이잖니? 그 얼굴을 그려 '희다'라는 말로 쓴 거야. 그런데 또 다른 이야기로는 白 자가 엄지손가락 모양을 보고 그린 거라고도 한단다. 그림 글자가 처음 어떻게 만들어졌는지에 대해서는 때때로 여러 가지 풀이가 있기도 해.

우두머리 백

족장의 얼굴은 사람(人)을 붙여 伯(우두머리 백) 자를 다시 만들었어. 우두머리 또는 맏 백(伯)이라고 한단다. 그런데 白에는 '큰 소리로 아뢰다'라는 뜻도 있어. 그래서 떠들썩하게 손뼉 치는 '박' 자에 '白'을 음으로 하기에 꼭 알맞았던 거야. 글을 쓸 때는 拍이라는 한 글자로 통하지만 말로 할 때 拍(칠 박)이라는 한 자로는 '박수'를 나타내기에 부족했어. 성씨 중에도 '박'이 있고, 흥부 지붕 위에 열린 열매도 박이잖아. 그러니 손 수(手)를 하나 더 붙여 '박수(拍手)'라고 한 거야. 이제 확실하지? 한자는 원래 한 글자로 뜻을 나타냈는데 같은 말이 많아져 의미 전달이 분명하지 않으니까 점차 두 글자로 쓰게 되었다고 했지?

소박할 박

우리 나라에는 박(朴)씨 성을 가진 사람이 아주 많아. 朴(소박할 박)은 木(나무 목)과 卜(점 복) 자를 합쳐 쓴 거야. 옛날 사람들은 '소박'하고 '질박'하다는 말도 '박'이라고 했어. 마침 비바람에 씻긴 큰 나무의 껍데기가 마치 점칠 때 지져 놓은 거북이의 등딱지같이 갈라져 있는 모양을 보았을 거야. 그 모습을 보며 '소박하다'는 말이 떠올랐겠지. 그래서 木 자에 卜 자를 합쳤어. 이렇게 '소박하다'는 뜻을 담기 위해 만들어진 朴 자가 나무를 신성하게 여겼던 사람들의 성씨로 쓰인 거란다.

아람아, 너는 어려서부터 유독 만들기를 잘했어. 그 조그만 손으로 만들어 내는 것을 보고 모두 놀라워했지. 지금 생각하니 새삼 손의 귀중함과 고마움이 느껴지는구나.

열한 번째 편지

아람이는 김밥하고 떡볶이, 순대가 맛있다고 했지?
어린이들이 즐겨 먹는 음식이지.
그런데 중국 사람들은 고기를 많이 먹어.
중국의 순대는 온통 고기를 넣어 만들 정도야.
설이 되면 닭, 오리는 물론 돼지 다리를 준비해 줄줄이 걸어 둔단다.
그래서인지 아주 옛날부터 제사 지낼 때는
꼭 소나 양 같은 동물을 잡아 제물로 바쳤어.
사람들은 수백만 년도 넘는 사냥 경험을 바탕으로
동물들을 길들여서 양질의 고기를 얻게 되었어.
그리고 가죽, 털, 우유 등과 같은 부산물도 얻었고
점차 좋은 품종으로 개량하여 지금과 같이
다양한 가축을 기르게 되었단다.

肉이 낳은 자

〈경작도〉. 돈황 석굴에서 발견된 벽화로 북방 민족이 유목 생활에서 농경 정착 생활로 들어서는 모습을 보여 주고 있다.
두 마리 소가 나란히 밭을 갈고 있는 모습은 중국 원시 농경의 방식을 보여 주고 있다. 오른쪽 밑에 고기가 되기 위해 목이 잘린 소의 모습이 애처롭다.

고기 육

중국의 전설에는 복희씨가 그물로 야생 동물을 잡아 목축을 가르쳤다고 하는데, 특히 양은 무리 생활을 좋아해 너른 벌판에서 풀을 뜯게 했단다. 고기는 肉이라고 했는데 이 글자는 고기를 자른 뒤 나타난 결의 모양을 그렸던 거야. 그런데 다른 글자와 함께 쓸 때는 月이라고 한다는 것 배웠지? 이제 肉 자가 들어가는 신체 여러 기관의 글자를 알아보기로 하자.

위장 위

음식을 먹으면 입을 통해 위로 가는데 위는 胃라고 쓴단다. 田 자에 月(고기 육)을 합쳤지? 윗부분은 田(밭 전)으로 썼지만 원래는 완전한 글자가 아니라 음식이 들어가는 주머니인 위장 모양이었어. 나중에 쓰기 편하게 田 자로 바뀐 거지. 위는 살로 되어 있으니까 月(肉)을 붙여 胃(위장 위) 자가 되었단다.

쌓을 축 / 가축 축

이와 비슷한 畜(쌓을 축) 자를 소개할게. 여기서의 田 자도 위 주머니였어. 위 주머니 위에 창자가 붙어 있는 모양으로, 옛날에는 동물의 위장에 물이나 술, 음식물을 저장했어. 그래서 畜에는 '모아 간직한다'는 의미가 있어. 집에서 동물을 기르다가 필요할 때 바로 사용하므로 이런 동물을 가축(家畜)이라고 한 거야.

창자 장

위에 있던 음식물은 창자로 보내지는데, 창자를 대장, 소장처럼 '장'이라고 불렀어. 그러니 '장'이란 글자를 만들어야겠지? 그래서 月에 昜(볕 양)자를 합쳤어. 昜자는 또 무슨 뜻일까? 昜은 陽을 줄여 쓴 것인데 陽은 햇빛을 잘 받는 언덕, 즉 '양지'라는 뜻이야. 꾸불꾸불한 창자가 '양기를 받아 기운차야 된다'라는 뜻이 담겨 있어. 장이 약하면 소화가 안 되잖니? 그래서 이들 두 글자를 합해 '위장(胃腸)'이라고 해.

간장 간

만약 음식을 잘못 먹어 몸에 독이 들어가면 간에서 독을 없앤단다. 이제 '간'이란 글자를 만들어야 하는데 月(肉)자에 '간' 발음이 나는 干(방패 간)자를 합쳐 肝(간장 간)이라고 썼어.
그런데 왜 月에 방패를 뜻하는 干을 합쳤을까? 방패는 무엇을 막는 물건이잖아? 간에서 독소 성분을 잘 막아야 하니까 방패 干자를 뽑은 거야. 이렇게 한자는 이치에 맞게 만들어졌단다.

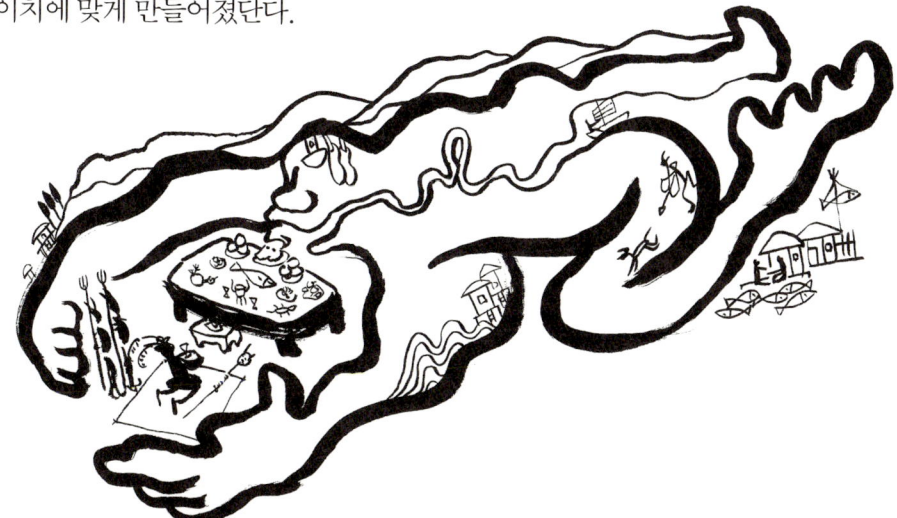

콩팥 신

음식을 먹으면 영양분은 몸으로 보내고 찌꺼기는 밖으로 내보내야지. 찌꺼기를 거르는 기관은 콩팥인데 '신'이라 하고, 한자로 腎(콩팥 신)이라고 썼어. 臤 자는 堅(굳을 견) 자의 윗부분인데 '신'과 '견'은 'ㄴ' 받침이 있는 발음이 비슷해서 이 글자를 소리를 표시하는 글자로 썼어. 항상 액체를 담고 있으니 견고해야 하니까 뜻도 통한 셈이지. 또 소변을 담는 기관은 방광인데 한자로 膀胱이라고 써. 旁(곁 방)과 光(빛 광)은 모두 이 글자의 음을 나타낸단다. 그러니까 이 글자들도 형성 방법으로 만든 글자들이지.

光 자는 머리에 불을 이고 있는 모양이라는 것 알지? 그런데 한자를 두 자 합쳤을 때 씨앗 글자인 부수는 오른쪽에 오기도 하고 왼쪽에 오기도 한단다. 왼쪽에 오는 것을 偏(변), 오른쪽에 오는 것을 旁(방)이라고 하는데 합쳐서 '변방'이라고 해. 자세한 것은 다음에 설명하기로 하자.

살찔 비

음식을 많이 먹고 찌꺼기를 내보내지 않으면 살이 찌지. 살이 찐 것을 '비'라고 부르고, 肥라고 썼어. 처음에는 肉(고기 육)과 골절을 뜻하는 글자를 합쳤는데 점차 巴로 쓰게 되었어. 요즈음 비만인 아이들이 많아 어른들의 걱정이 크단다. 아람아, 야채와 과일을 많이 먹어야 한다. 운동도 많이 하고.

땅 이름 파

비만에 왜 巴 자를 썼을까? 巴는 구부린 뱀의 모양이란다. 그런데 뱀이란 뜻보다 작은 나라 이름으로 빌려 써서 땅 이름 파라고 하였어. 프랑스의 수도인 파리를 한자로 '巴里'라고 쓰는데 이는 단지 프랑스 말과 음이 비슷해서 빌려 쓴 거야. 이런 방법을 가차라고 했지?

가슴 흉

사람의 가슴 부위에는 심장이 있어. 마음(心)이 있는 곳인데 이곳을 흉부라고도 하고, 흉은 '胸'이라고 쓴단다.

이 글자는 月(육)과 匈(흉)을 합친 거야. 匈은 또 '감싸다'라는 勹(포)와 凶(흉)이 합쳐졌구나. 이렇게 복잡한 글자이지만 하나하나 나누어 보면 뜻을 쉽게 풀이할 수 있단다.

다시 한 번 정리해 보자. 凶 자는 무언가가 함정에 빠져 있는 모양이야. 함정에 빠졌으니 불길한 일이지. 그래서 凶은 흉하다는 의미를 담고 있어. 옛날 중국에 '흉노'라는 오랑캐 종족이 있었는데 匈이라고 불렀거든? 마음에 凶(흉)한 생각을 품고 있는 사람이라는 뜻으로 만들었어.

그런데 왜 가슴이라는 중요한 단어에 匈 자를 합쳤을까. 그것은 '품고 있다'는 데 중점을 두었기 때문이야. 가슴은 심장, 허파 같은 중요한 기관을 감싸고 있다는 뜻이지. 오랑캐에게 붙였던 글자이지만 좋은 뜻으로 쓰니까 좋아지는구나.

사람도 좋은 생각을 하면 마음이 편해지고 얼굴이 평화로워진단다.

갈비뼈 륵

심장은 갈비뼈가 감싸고 있어. 갈비뼈는 肋(갈비뼈 륵)으로 나타내고, '늑골'이라고 해. 月(고기 육)과 力(힘 력)이 합쳐졌단다. 力은 땅을 파는 농기구 모양이라고 했지? 힘주어 땅을 파니까 갈비뼈더러 온 힘을 다해 심장이나 허파를 지키라고 力 자를 합친 거야.

뼈 골

우리의 몸을 바로 서게 지탱하는 것은 뼈야. 骨(뼈 골) 자는 바로 마디가 붙어 있는 어깨뼈를 그린 것이란다. 3,000년 전엔 뼈에 글자를 새겨 두었다고 했지? 거북이 등딱지인 甲(갑)과 소뼈인 骨(골)에 새겨져 있는 글자야. 그래서 갑골 문자라고 한단다.

뼈 이야기가 나오니까 할머니들 어깨 아프다는 말이 생각나는구나. 어깨는 肩(견)이라고 해. 나이가 들면 '五十肩(오십견)'이라는 증세가 찾아 오기도 하는데 어른들이 50세 정도가 되면 어깨가 아프기 때문이야. 어깨뼈를 '견'이라고 하는데 '肩'이라고 써.

어깨 견

이 글자는 戶(지게 호) 자와 月(고기 육) 자를 합쳤는데 아주 재미있어. 우리 몸 중에 물건을 메기에 좋은 곳이 어깨잖아. 그러니까 '메다', '견디다'는 뜻이 있어. 그래서 어깨라는 말을 만들 때 戶(지게 호)를 사용한 거야.

아람이는 어머니 어깨 잘 주물러 드리니? 안마 잘하려면 팔 힘을 길러야 한다. 팔과 다리를 사지(四肢)라고 하는데 肢 자는 月(고기 육)과 支(지탱할 지)를 합쳤어.

지탱할 지

支(지탱할 지)는 대나무 竹(죽) 자의 가지를 하나만 손으로 쥐고 있는 모양이야. 竹 자는 대나무 줄기에 뻗어 나온 잎을 두 개 그려 나타냈어. 그런데 支는 손으로 가지 하나만 잡고 있는 거야. 그러니까 처음에는 '가지'라는 의미로 쓰였던 거지. 나중에 '지탱하다'는 뜻으로 쓰이게 됐지만.
사지(四肢)는 팔, 다리 네 개를 뜻하는데 '몸의 가지'라는 뜻이란다.
아람아, 양팔을 벌리고 기지개 한번 쭉 켜 보자. 시원하지? 이제 한 글자만 더 배우고 肉 자를 끝내자.

입술 순

바로 '입술'이란 자인데 '순'이라고 한단다. 입술은 살로 되어 있으니까 月(고기 육)을 뽑고, '순'과 'ㄴ' 음이 같은 辰(별 진) 자를 찾아 합쳤어. 辰 자는 원래 대합조개를 손가락에 매어 놓은 모양으로 곡식을 베는 낫의 대용품이었지.

그러면 왜 입술에 辰을 썼을까? 조개는 입을 벌려 물도 마시고 혀도 길게 내민 것이 사람 입과 비슷하잖아. 음도 '순', '진'으로 비슷하고. 이 글자는 음을 나타내는 辰을 위에 두고 뜻을 주는 月을 밑에 두어 만들었단다.

이 글자에 대한 설명을 듣고 보니 정말 고개가 끄덕여지지?

왠지 아니? 여러 사람의 깊은 생각을 모으고 모아 가장 타당한 이치를 뽑아 정했기 때문이야. 세월이 아무리 흘러도 세상 사람들이 살아가는 이치와 맞물려 가기 때문이란다.

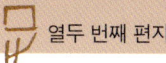 열두 번째 편지

아람아, 지금까지 우리는 사람 몸의 각 부위를 이용해서 만든 글자들을 살펴보았어. 오늘 발의 모양인 止 자를 끝내면 정말로 머리에서 발끝에 이르는 여러 기관이 만들어 낸 한자를 거의 다 보게 되는 거야.

네 답장을 보니 지난 편지에서 배운 肥(살찔 비) 자를 사전에서 찾아보며 달(月) 부수에서 찾지 않고 고기(肉)변에서 찾았다니 정말 자랑스럽구나. 한자에 대한 이해가 깊어졌다는 증거야.

이제, 止 자를 보자.

止 자가 발가락 다섯 개를 세 개로 나타낸 발의 모양이란 것을 배웠지?

자, 이제 이 책의 마지막 이야기인 止가 낳은 자를 살펴볼까?

止가 낳은 자

상나라 초기 때에 만들어진 질그릇 항아리로 사람의 다리 모양을 본떠 만들었다.
표면의 높낮이에 따라 칠해진 무늬가 아름답다. 외투를 걸쳐 입은 사람 모습 같아 재미있다.

칠 정

발은 가만히 한 곳에 서 있지 못하고 어디론가 향해 나아가야 돼. 그림 글자를 보면 正(바를 정) 자는 口와 止를 합쳐서 썼는데, 어느 곳을 향해 나아가는 모양이야. 즉 '정벌하다'라는 뜻이 있어. 점차 口가 一로 바뀌어서 正이 되었는데, 가더라도 바르게 가야 한다는 뜻에서 바를 정(正)이 된 거야. 그리고 正만으로는 '정벌하다'라는 의미가 약하니까 길거리 모양인 彳을 붙여 '정벌하다'라는 뜻의 征(칠 정) 자를 만들었어.

굳셀 무
호반 무

정벌하러 갈 때 무기를 가지고 가니까 무기(戈)와 발(止)을 합쳐 武(굳셀 무) 자를 만들었단다. 무기를 들고 용감하게 나아가 나라를 지킨다는 뜻이야. 이제 무기와 발, 이 두 상형자가 합해져 굳세다는 회의자가 되었어.

걸음 보

무기를 들지 않고 그냥 걸어 나가는 것은 止 자 두 개를 포개어 나타냈어. 바로 步(걸음 보) 자야. 步는 걷거나 산책한다는 뜻이란다.

**내릴 강
항복할 항**

오르내릴 때는 阜(언덕 부) 자를 활용했어. 다른 글자와 함께 쓸 때는 阝로 쓰지. 어떤 글자를 보면 왼쪽이나 오른쪽에 阝가 있지? 이 글자는 계단과 마찬가지야. 내려올 때는 발을 뜻하는 止(지) 두 개를 밑으로 향하게 해서 降(내릴 강) 자를 만들었어. 그런데 전쟁에서 지면 항복을 하잖아. '항복'이란 말이 필요했는데, '내려오다'라는 降 자의 뜻을 끌어 왔어. 이때는 '항'이라고 읽어. 뜻과 음이 '항복할 항'이 되는 거지. 이렇게 한 글자가 여러 가지 뜻과 음으로 쓰이기도 한단다.

오를 척

올라갈 때는 止(발 지) 두 개를 위로 향하게 해서 陟(오를 척) 자를 만들었지. 정말 사람이 살아가던 모습 그대로 그림으로 담은 거야. 이렇게 다니는 동안에 止는 '발'에서 '그치다'라는 뜻으로 변해 갔단다.

발 족

止가 '발'에서 '그치다'로 변했으면 발은 어떻게 되었을까? 止 자는 발이었고, 발과 종아리가 있는 '다리'라는 글자는 足(다리 족)이었어. 옛날에 발이었던 止는 '그치다'로 변해서 이제 止에 足 자를 붙여 趾(발 지) 자를 만든 거야. 물론 足(발 족)도 발을 뜻해. 그러다 足은 '족하다'라는 뜻으로 의미를 끌어 와 '만족하다'라는 뜻으로도 쓰인단다.

止 자를 배우고 나니까 이번 책도 다 끝나게 되었구나. 그동안 아람이가 끝까지 잘 따라와 정말 대견하구나. 12통의 편지를 통해 할머니가 알려 준 글자는 모두 170자 정도 된단다. 그러니 잘 익히면 전체 300여 자 정도 알 수 있게 된 거야. 몇 자 아느냐가 중요한 건 아니란다. 한자 공부에 재미가 붙고 한자를 보는 눈이 트이게 된다면 그것이 더 큰 보람이지.

맺음말

이 책에서는 인체에 속한 大, 人, 目, 耳, 手 등이 어떻게 다른 글자들을 만들어 내는지를 공부했어. 우리는 옛날 사람들이 문자를 만들었던 여러 가지 방법에 대해서도 배웠지? 그동안 배웠던 것과 어떻게 글자들이 합쳐졌는지 살펴보자.
1권〈한자에 세상이 담겼어요〉에서 사물의 형체를 본떠 그린 人(사람 인), 大(클 대), 目(눈 목), 木(나무 목), 日(날 일), 月(달 월) 같은 상형자를 배웠고, 그릴 만한 형체는 없지만 생각한 것을 그린 上(위 상), 下(아래 하), 亦(또 역), 凶(흉할 흉), 一(한 일), 二(두 이) 같은 지사자를 배웠는데, 기억나지?

이 책에서 아람이는 이미 만들어진 글자 가운데 두 개의 글자를 합쳐 새로운 의미의 글자를 만든 회의와 형성 방법을 배웠어. 회의는 人(사람 인)과 言(말씀 언)을 합쳐 '믿음'이라는 뜻의 信(믿을 신)을 만들고, 女(계집 여)와 子(아들 자)를 합쳐 '좋다'라는 뜻의 好(좋을 호)를 만든 경우야.
형성은 둘 가운데 하나가 그 글자를 읽는 음을 표시한 방법이야. 예를 들면 人(사람 인)과 主(주인 주)를 합쳐 住(살 주)를 만들고, 女(계집 여)와 己(몸 기)를 합쳐 妃(왕비 비)를 만든 것처럼. 여기서 主와 己는 소리를 나타내잖아?

회의 : 信, 好, 武(호반 무), 友(벗 우)

형성 : 住, 肝(간 간), 妃, 拍(손뼉 칠 박), 指(손가락 지)

형성은 모든 사물을 모두 그림으로 그리기 어렵고, 하고 싶은 말마다 글자를 만들 수 없어 음이나 뜻이 비슷한 글자를 끌어 쓰다가, 말하려는 의미의 글자를 하나 뽑고 음을 나타내는 글자를 하나 뽑아 합쳐 만들게 된 거야. 이 같은 형성 방법으로 글자를 만들어 한자는 점점 많아졌단다. 3,000여 년 전에는 5,000여 자였는데 지금은 5만 자가 넘어.

그렇지만 다 알 필요는 없으니까 걱정 마. 꼭 필요한 글자만 골라서 이야기할 거야.

다음 책에서는 하늘과 땅에 펼쳐진 여러 글자들을 배우고, 끌어 썼던 예를 배울 거야. 또 한자가 어떻게 변해 왔는지도 살펴보도록 하자. 그럼 다음 편지에서 또 만나자꾸나.